U0464398

学校教育评价与教学实践研究

徐海荣　陆　渤　徐园园　著

广东旅游出版社
GUANGDONG TRAVEL & TOURISM PRESS
悦读书·悦旅行·悦享人生
中国·广州

图书在版编目（ＣＩＰ）数据

学校教育评价与教学实践研究 / 徐海荣，陆渤，徐园园著 . -- 广州 : 广东旅游出版社，2025. 4. -- ISBN 978-7-5570-3589-1

Ⅰ . G449

中国国家版本馆 CIP 数据核字第 20259TN415 号

出 版 人：刘志松
责任编辑：魏智宏　黎　娜
封面设计：刘梦杳
责任校对：李瑞苑
责任技编：冼志良

学校教育评价与教学实践研究
XUEXIAO JIAOYU PINGJIA YU JIAOXUE SHIJIAN YANJIU

广东旅游出版社出版发行
(广东省广州市荔湾区沙面北街 71 号首、二层)
邮编：510130
电话：020-87347732(总编室)　020-87348887(销售热线)
投稿邮箱：2026542779@qq.com
印刷：廊坊市海涛印刷有限公司
地址：廊坊市安次区码头镇金官屯村
开本：710 毫米 × 1000 毫米　16 开
字数：198 千字
印张：11.75
版次：2025 年 4 月第 1 版
印次：2025 年 4 月第 1 次
定价：58.00 元

前　言

在教育的广阔天地里，学校不仅是知识的殿堂，更是塑造未来社会栋梁的摇篮。随着时代的发展，教育理念的更新与教学方法的革新成为推动教育进步的重要力量。而在这股变革的洪流中，学校教育评价与教学实践研究扮演着至关重要的角色。本书《学校教育评价与教学实践研究》旨在深入探讨这两者之间的内在联系，分析当前教育实践中的挑战与机遇，为教育工作者提供一套系统的理论框架与实践指南。

在全球化与信息化的双重背景下，社会对人才的需求日益多元化、高层次化。传统的应试教育评价体系已难以满足新时代人才培养的需求，其局限性日益凸显：过分强调分数与排名，忽视了学生个性发展、创新能力及综合素质的培养；评价内容单一，难以全面反映学生的学习成效与成长轨迹；评价体系缺乏灵活性，难以适应不同地域、不同学校乃至不同学生的差异化需求。因此，构建科学、全面、发展性的学校教育评价体系，成为教育改革的迫切需求。

本书是一本探究"学校教育评价与教学实践"的学术专著，深入探讨了教育评价在现代学校教育中的作用、方法和实践应用，以及如何通过科学的评价体系促进教学实践的改进和教育质量的提升，旨在为教育工作者提供一个全面的关于学校教育评价的指南，提高教师和学校管理者在教育评价方面的专业能力，促进学生全面发展。

本书从理论与实践两个维度出发，系统梳理了学校教育评价的发展历程、理论基础及国际比较，旨在为读者提供一个宽广的视野与深厚的理论支撑。书中特别强调了评价的创新性与多元化，提倡采用形成性评价、表现性评价、同伴评价、自我评价等多种评价方式，以促进学生全面发展。我们坚信，评价不应仅仅是对学习结果的测量，更应成为激励学生学习、促进教师反思、优化教学设计的有效工具。通过构建多元化的评价体系，可以更好地激发学生的潜能，培养其批判性思维、创新能力及终身学习的能力。

　　本书适用于工作在一线的教师、学校管理者、教育评价研究人员、教育政策制定者及教育学专业的学生。本书的出版提供了一个综合性的教育评价框架，有助于推动教育评价的科学化和规范化。它不仅能够增强教育工作者对评价工具和方法的认识，还能够促进教育评价与教学实践的紧密结合，从而提高教育质量和效果。此外，本书也是教育评价领域研究者和实践者交流思想和经验的平台，对于促进教育评价的学术发展和实践创新具有重要意义。

目　　录

第一章 学校教育评价综述

第一节 学校教育评价的内涵与意义

一、学校教育评价的内涵

(一) 广义与狭义学校教育评价的定义

广义的学校教育评价涵盖了教育活动的一切方面，从教育理念、课程设置、教学方法到教育环境、师生关系、教育资源分配等，无一不在其评价范围之内。这种评价模式强调全面性，试图通过多维度的考查来反映教育的整体状况，但往往因涉及面过广而显得过于笼统，缺乏针对性和可操作性，难以精准定位问题所在。

相比之下，狭义的学校教育评价则主要聚焦于学生学习质量的评价，通过考试成绩、作业完成情况、课堂表现等具体指标来衡量学生的学习成效。这种评价方式直接、明确，易于量化，但往往忽视了教育过程中的其他重要因素，如学生的情感态度、创新能力、团队合作能力等，难以全面反映学生的综合素质和教育的真实效果。

(二) 本书学校教育评价定义的提出

鉴于广义与狭义学校教育评价各自的局限性，本书提出一种介于两者之间的学校教育评价定义，旨在既克服狭义评价的片面性，又避免广义评价的模糊性。该定义包含以下三层深刻含义：

1.与社会教育性质、方针、政策的紧密联系

学校教育评价不应是一个孤立的存在，而是深深植根于特定社会的教育土壤之中，与国家的教育性质、教育方针及教育政策紧密相连。这一理念体现了教育评价的宏观视野和社会责任感。国家的教育性质决定了教育的根

本目的和价值取向，如我国坚持的社会主义教育性质，就强调了教育的公平性和全民性。教育方针则是指引教育发展的方向标，它规定了教育应当培养什么样的人、怎样培养人。教育政策则是教育方针的具体化，是教育实践中必须遵循的规范和准则。

学校教育评价标准的制定、评价方法的选择，都应紧密围绕国家的教育导向，服务于社会发展的需要。这意味着评价不仅要关注学生的学习成绩，更要关注学生的综合素质、创新能力、社会责任感等方面的表现；不仅要评价教师的教学水平，还要评价其教育理念、教学方法是否符合国家的教育方针和政策。

2. 评价范围的明确划分

本书将学校教育评价的范围划分为教育活动的效果、完成教育任务的情况及学生学习的质量和发展水平三大组成部分。这一划分既保证了评价的全面性，又明确了评价的重点和边界，使评价工作更加具体、有章可循。

教育活动的效果评价，主要关注教学活动是否达到了预期的教学目标，是否促进了学生的知识增长和能力提升。完成教育任务的情况评价，则侧重于考查学校、教师是否按照教育计划和课程标准完成了教学任务，是否实现了教育目标。学生学习的质量和发展水平评价，则是评价的核心和重点，它关注学生的个体差异、学习进步、综合素质及未来发展潜力等方面的表现。

3. 强调学生发展与教育发展的思想

在本书所阐述的学校教育评价定义中，学生发展与教育发展的思想被置于至关重要的地位。学生发展是教育的最终目的，也是评价教育质量的根本标准。这要求我们在评价过程中，不仅要关注学生的学业成绩，更要关注学生的身心健康、道德品质、创新能力、实践能力等方面的全面发展。

同时，教育发展也是评价的重要维度。教育是一个不断发展的过程，它需要不断地适应社会的变化，满足社会的需求。因此，学校教育评价不仅要关注当前的教育质量，还要关注教育的持续改进和创新发展。这要求我们在评价中既要注重结果，也要注重过程；既要关注现状，也要关注未来。

本书对学校教育评价的定义不仅强调了评价与社会教育性质、方针、政策的紧密联系，还明确了评价的范围，并着重突出了学生发展与教育发展的核心思想。这一定义为我们提供了一个全面、深入、系统的评价框架，有助于我们更好地理解和实施学校教育评价，推动教育事业的持续健康发展。本书所采用的学校教育评价定义，既是对传统评价模式的超越，也是对现代教育理念的积极响应。它旨在通过更加科学、全面、发展性的评价方式，推动教育质量的持续提升，为培养适应未来社会需求的复合型人才奠定坚实基础。

(三) 学校教育评价的本质特征

在当今教育领域，学校教育评价作为衡量教育质量、指导教育改进的重要手段，其重要性日益凸显。深入理解学校教育评价的本质特征，对于构建科学、公正、有效的评价体系至关重要。笔者将从四个方面探讨学校教育评价的本质特征，以期为促进教育事业的健康发展提供参考。

1. 学校教育评价是一个活动过程

学校教育评价并非一个孤立或单一的行为，而是一个具有连续性、动态性的活动过程。这一过程包含多个相互关联的步骤和方法，如确定评价目标、设计评价方案、收集评价信息、分析评价数据、形成评价结论及反馈评价结果等。这些步骤共同构成了一个完整、系统的评价流程，确保了评价的全面性和准确性。通过这一连续的活动过程，学校能够及时发现教育教学中存在的问题，为教育教学改革提供有力支持。

2. 学校教育评价过程是有计划、有目的进行的

与日常选择和决定相比，学校教育评价具有明确的目的性和计划性。评价活动始于对评价目标的清晰界定，这通常与教育方针、政策以及学校发展目标紧密相关。随后，评价者会根据目标制定详细的评价方案，明确评价内容、方法、时间等要素。在评价过程中，评价者会按计划搜集相关资料，运用科学方法进行分析，形成客观、公正的评价结论。最终，这些结论将用于指导教育教学实践，推动学校教育的持续改进。这种有计划、有目的的评价过程，确保了评价的针对性和实效性。

3. 学校教育评价的根本在于用价值观念对各种状态进行评定

学校教育评价的核心在于运用一定的价值观念对教育现象、教育过程及教育结果进行评定。这些价值观念往往源于教育理念、教育目标以及社会对教育的期望。在评价过程中，评价者会根据这些价值观念对收集到的信息

进行判断，形成对教育活动质量的整体认识。在此基础上，评价者会做出相应的选择，如改进教学方法、优化课程设置、提升教师素质等。这种基于价值观念的评定和选择，有助于确保评价活动的导向性和激励性，推动学校教育向着更高水平发展。

4. 教育评价是以事实判断为基础的价值判断

教育评价的本质首先体现在它是一种基于事实的价值判断过程。事实判断是对教育活动及其结果的客观描述，如学生的学习成绩、教师的教学行为、学校的资源配置等，这些都可以通过量化数据或质性描述来呈现。而价值判断则是在事实判断的基础上，依据一定的价值观或标准对教育活动的意义、效果进行评判。例如，在评价一位教师的教学效果时，我们首先要收集其授课内容、方法、学生反馈等事实信息，然后依据教育理念、教学目标等价值标准，综合评估其教学是否有效、是否促进了学生全面发展。因此，教育评价不是主观臆断，而是建立在坚实的事实基础之上，结合价值导向的综合判断。

5. 教育评价的基本标准是国家的教育目标

国家的教育目标是教育评价的根本依据和导向。这些目标通常体现在国家的法律法规、教育政策、课程标准等文件中，旨在明确教育应培养什么样的人才、达到何种质量标准。教育评价通过对比教育实践活动与国家教育目标的契合度，来检验教育的成效与不足。例如，若国家教育目标强调培养学生的创新精神与实践能力，那么教育评价就应关注课程设置、教学方法是否有利于这些能力的培养，学生的学习成果是否体现了这些能力的提升。因此，教育评价不仅是对现状的反映，更是对国家教育意志的落实与反馈，有助于引导教育实践向既定目标靠拢。

6. 教育评价具有连续性和系统性

教育评价是一个连续不断、系统进行的过程。连续性意味着评价活动不是一次性或阶段性的任务，而是贯穿教育的全过程，从教学目标设定到教学内容实施，再到学习成果评估，每个环节都需要进行评价，以形成闭环，不断优化。系统性则体现在评价内容、方法、主体等多方面的综合考量上。评价内容不仅限于学生的学业成绩，还应包括学生的情感态度、价值观、创新能力等非智力因素；评价方法应多样化，结合量化评价与质性评价，确保评价的全面性和准确性；评价主体也应多元化，包括教师、学生、家长乃至社会，从多角度、多层次地反映教育的真实情况。这种连续性和系统性确保了教育评价的全面性和有效性，为教育决策提供了科学依据，也为教育质量的持续提升奠定了坚实基础。

7.教育评价过程是主客体互动、评价与指导统一的过程

教育评价的本质首先体现在它是一个动态的主客体互动过程。在这个过程中，评价者（主体）与被评价者（客体）之间不是单向的、静态的关系，而是一种相互作用、相互影响的动态关系。评价者通过观察、分析、判断等手段，对被评价者的学习成效、行为表现、能力发展等进行评价，而这一过程同时也激发被评价者的自我反思与成长动力。

更重要的是，教育评价不仅仅是"评"，更在于"导"。评价的目的不仅在于给出一个分数或等级，更在于通过评价发现被评价者的优点与不足，进而提供针对性的指导和建议，促进其全面发展。这一过程体现了评价与指导的有机统一，使得评价成为一种促进个体成长和教育质量提升的有效工具。例如，教师在对学生的作业进行评价时，不仅要指出错误之处，还会给出修改建议，鼓励学生探索更优解，从而实现评价的双重价值。

8.教育评价是一种心理特征鲜明的主体性活动

教育评价的另一大本质特征是它是一种心理特征鲜明的主体性活动。这里的主体性不仅指评价者的主动性、创造性，还涉及被评价者的心理反应与参与程度。评价者的主体性体现在他们依据一定的评价标准和目的，运用专业知识与技能，独立地进行分析判断，这一过程充满了主观性与创造性。同时，评价者的态度、情感、价值观等心理因素也会不自觉地渗透评价过程中，影响评价结果的公正性与客观性。

对于被评价者而言，他们的心理状态同样重要。面对评价，学生可能会产生焦虑、紧张、期待等复杂情绪，这些情绪反应不仅影响他们在评价中的表现，也可能对其后续的学习态度和行为产生长远影响。因此，一个有效的教育评价系统应当充分考虑被评价者的心理特征，创造积极、支持性的评价环境，鼓励其积极参与评价过程，通过正面的反馈机制激发其内在的学习动力。

（四）学校教育评价的一般特征

学校教育评价是以价值准则为尺度对学校教育的社会意义做出判断的复杂活动，它涉及学校教育目标、评价标准、评价对象、评价方式、评价内容、评价方法、评价过程诸方面内容。学校教育评价具有以下一些特性。

1. 评价标准的社会性

学校教育作为一种社会现象，其过程和结果的价值大小、好坏优劣必须受到社会的检验与评判。学校教育评价是为学校教育目标的达成服务的，学校教育评价必须建立在一定依据和标准之上，任何一个学校教育评价的第一步都是确立评价标准，这个标准是学校教育目标、多种学校教育活动的目标、各科教学的目标，或者是学校教育方案实施目标的体现。因为学校教育的社会性、学校教育目标的社会性，所以评价标准的社会性也是不言而喻的。评价标准是以社会需要为基准而建立的，必然要受社会经济、政治及意识形态的制约。同时，也只有评价标准的社会性，才能使学校教育的社会需求目标得以达成。

2. 评价功能的多样性

学校教育评价对学校教育的作用是多方面的。在不同场合、不同时间使用不同的评价方式，就使评价有了不同的功能。从前面阐述的评价的多种类型，我们可以清楚地看到评价的不同功能。有时候，学校教育评价是为了"选拔适合学校教育的学生"，重在对学生学力水平的鉴定和测量，目的在于筛选、甄别、选拔适合于接受高一级学校教育的学生，是一种淘汰学力水平较低学生的一种手段，在方法上偏重相对评价和常模参照测验，其功能是比较、鉴定、选择。更多的时候，学校教育评价是"为了创造适合学生的学校教育"，目的则在于力求发现并选择尽可能适合的学校教育方式，从而使学生得到全面的、最大限度的、充分的发展。为此，学校教育评价还应更加注重改进、形成的功能。随着社会的发展，学校教育评价的后一种功能，我们可以称之为发展性功能，在学校教育评价中占有越来越重要的地位。

3. 评价对象的全面性

学校教育评价的对象包括各种学校教育工作、各种学校教育活动人员和学校教育活动的起始与结束等。原来我们把评价集中在对学生的学业成绩的评定上，并以此为基础对教学计划和课程编制的优劣得失做出判断。现在看来这种评价活动已经远远落后于现实的要求。现在，学校教育评价拓展到整个学校教育领域，学校教育活动从宏观到微观各方面皆可进行评价。即使是对学生的评价，我们的评价内容也不仅仅是学生的学业，而应扩展到学生学习生活的方方面面。而且，我们不仅可以把单个学生作为评价对象，也可以以某组学生、某班学生集体作为评价对象。

4. 评价的多主体性

我们原来的评价主体是单一的，对学生的评价主体往往是教师，现在我们可以通过同伴互评、家长评价、学生自评等多种方式对学生进行评价。当然，我们也可能通过学生来评价教师的教学过程。因此，学校教育评价的主体不是单一的，我们应该从多主体、多渠道，从不同方面收集信息，综合地分析各种信息，对评价对象有全面、深入的了解，不能失之偏颇。

5. 坚持评价的客观性

我们在评价学生的表现或任务时，必须按照客观的评价标准对其进行判断。这种判断的客观性，不能主观臆断或掺杂个人情感，只有评价具有客观性、公平性，才能够激发学生的学习动机，促进学生的发展。坚持客观性原则，就必须在评价方案的制订、评价指标体系的建立及评价的实施等方面，采用科学的方法全面地反映评价对象的实际情况，并在此基础上做出客观、真实、正确的事实分析和判断。

6. 评价方法和技术的多样性

从前面评价方法的介绍中我们可以看到：评价方式是多种多样的。简单地说，有定性和定量两类划分。在学校教育评价发展史上，有很长一段时间，人们推崇以测量手段为基础的学校教育评价，推崇定量的方法，这的确是不可或缺的一个重要方法。但是，由于学校教育现象的复杂性，将之完全量化是不可能的。定性的方法对于客观地把握和描述学校教育现象是不可缺少的。现代学校教育评价越来越注重学校教育评价中定量和定性方法的结合。当然，我们还需要认识到，定量和定性方法又可细分出许多具体的方法，这些不同的方法各有其特点，重要的是在合适的时候选择合适的方法。

二、学校教育评价的意义

(一) 促进学生学习

学校教育评价的首要目的在于促进学生的学习和发展。通过定期的测试、作业反馈、课堂表现评估等方式，学生能够清晰地认识到自己在知识掌握、技能提升、情感态度等方面的长处与不足。这种自我认知是自我驱动学习的前提，它能激励学生主动探索未知，弥补短板，不断追求进步。同时，正面的评价能够增强学生的自信心和学习动力，而建设性的反馈则能帮助学生明确改进方向，激发其内在潜能，实现个性化成长。此外，评价过程中的参与和互动还培养了学生的批判性思维和自我反思能力，为其终身学习打下坚实的基础。

(二) 优化教学质量

教育评价是教师调整教学策略、优化教学方法的重要依据。通过对学生的学习成效进行客观、全面的分析，教师可以及时发现教学中的盲点和薄弱环节，进而针对性地调整教学内容、方法和节奏，使之更加符合学生的学习需求和认知水平。这种基于数据驱动的决策，有助于实现精准教学，提高教学效率和质量。同时，教育评价也是教师专业成长的重要途径。通过对自身教学效果的反思和同行间的交流评价，教师可以不断积累经验，探索创新，促进自身教学能力的提升，形成良性循环，推动整个教学团队的进步。

(三) 评估学校绩效

学校教育评价还是评估学校整体绩效、指导学校发展规划的关键。通过对学生的学业成绩、综合素质、社会实践能力等多维度指标的综合考量，可以客观反映学校的教育质量和办学水平。这些评估结果不仅为教育行政部门提供了决策依据，帮助学校获得必要的资源和支持，也是学校自我审视、明确发展方向的重要参考。学校可以根据评价结果，调整课程设置、师资配置、校园文化等，以更好地服务于学生的全面发展，提升学校的整体竞争力。此外，公开透明的评价机制还能增强家长和社会的信任，形成良好的教育生态，促进学校的可持续发展。

(四) 改进教育政策和决策

教育评价是连接教育实践与教育政策之间的桥梁。通过对学校教育进行全面、客观的评价，可以收集到大量关于教学活动、学生学习成效、教师教学质量等方面的数据和信息。这些数据为教育决策者提供了宝贵的参考依据，有助于他们更准确地把握教育现状，识别存在的问题与不足，从而制定出更加科学、合理的教育政策。例如，通过对学生学业成绩的评估，可以发现某些学科或地区的教育资源分配不均，进而调整政策，优化资源配置，确保每个孩子都能享受到高质量的教育资源。

(五) 促进教育公平与公正

教育评价有助于促进教育公平与公正的实现。公平的教育意味着每个学生，无论其背景如何，都能获得适合自己的教育机会和资源。通过评价，可以揭示不同地区、不同学校、不同群体之间的教育差距，促使政府和社会各界关注并解决这些问题。比如，针对农村与城市、贫困地区与发达地区教育资源的不均衡，评价结果可以引导政策制定者采取针对性措施，如增加对农村和贫困地区的教育投入，实施特殊教育支持计划等，从而缩小教育差距，促进教育机会的均等化。

(六) 有利于加强对学校教育的宏观指导与管理

教育评价体系为教育行政部门提供了对学校进行宏观指导与管理的重要工具。通过对各学校的综合评价，教育行政部门可以清晰地了解各校的办学水平、特色优势及存在的问题，进而实施分类指导，鼓励学校特色发展，同时针对共性问题制定改进措施。此外，评价还能促进学校自我反思，帮助学校明确发展方向，优化内部管理，提升办学效率。这种基于数据的决策支持，使得教育管理更加精准、高效，有助于构建良好的教育生态环境。

(七) 有利于促使学校提高教育质量

学校教育评价最直接的作用在于激励学校不断提升教育质量。评价不仅是对过去教育成果的检验，更是对未来教育实践的导向。通过评价反馈，学校可以清晰地认识到自身在教学、管理、师资等方面的优势与短板，从而有针对性地制订改进计划，加强师资队伍建设，优化课程设置，创新教学方法，提高学生学习兴趣和参与度，最终实现教育质量的全面提升。此外，评价还能增强学校的竞争意识，激励学校不断探索教育创新，形成特色鲜明的教育模式，为社会培养更多高素质的人才。

第二节　学校教育评价的作用与原则

一、学校教育评价的功能

(一) 鉴定功能

学校教育评价的鉴定作用是指学校教育评价认定、判断评价对象合格与否、优劣程度、水平高低等实际价值的功效和能力，它是与学校教育评价活动同时出现并始终伴随着学校教育评价存在的。由于学校教育评价是依据一定的标准进行的，这就决定了学校教育评价具有对评价对象鉴定优劣、区分等级、排列名次、评选先进、资格审查等鉴定功能。鉴定功能是学校教育评价的基本功能，其他功能是在科学鉴定的基础上实现的，只有认识对象才能改变对象。

"鉴定"首先是"鉴"，即仔细审查评价的对象，然后才是"定"结论。科学的鉴定应该在事实判断之后才做价值判断。学校教育评价的鉴定功能，既能为领导决策提供参考依据，在学校教育发展中发挥积极的促进作用；也会使学生增加课业负担和心理负担，产生一定的消极影响。

由此可见，评价者只有通过评价，根据被评价者达到目标的程度，才能给予恰如其分的不同对待，进行有针对性的正确指导，以促进工作的进步；被评价者也只有通过评价，才能确切地了解自己与评价目标的差距，明确自己的努力方向。

(二) 导向功能

学校教育评价的导向功能是指学校教育评价本身所具有的引导评价对

象朝着理想目标前进的功效和能力，这是由评价标准的方向性决定的。因为在学校教育评价中，对任何被评对象所做的价值判断，都是根据一定的评价目标、评价标准进行的。

这些评价的目标、标准、指标及其权重，对被评价对象来说起着"指挥棒"的作用，能够为他们的努力指定方向。被评价对象必须按目标努力才能达到合格的标准，否则就达不到合格标准，得不到好的评价。其中的评价目标是由目标制定者根据社会需要而制定的，是评判者对被评价对象应达到的社会价值的反映，也是社会需要的体现。总体来说，评价学校教育办得好与不好，关键就是看它是否符合社会当前和长远发展的需要，客观评价上和微观评价上都是如此。所以，评价的导向作用是一种社会导向作用。

通过评价的导向作用，我们可以引导某项学校教育活动朝正确方向发展。例如在学校教师职称评定中，多年来存在着重视科研成果、轻视教学的倾向，我们可以用加大教学权重的办法来克服这种倾向。随着时代的前进和学校教育的发展，学校教育评价的内容和重点也必须与时俱进地及时加以调整，这既是学校教育发展的实际需要，也是发挥学校教育评价导向功能的客观要求。

导向功能指学校教育评价本身所具有的引导评价对象朝着理想目标前进的功效与能力。学校教育评价可以通过评价目标、指标和内容体系为核心的导向机制的引导，为政府学校教育行政部门指明工作方向，为学校指明办学方向，为教师和学生指明教与学的努力方向。为此，学校教育评价的评价目标、指标和内容体系要体现学校教育的方向性和客观性，符合现代先进的学校教育观念与思想，体现国家学校教育方针，符合学校教育发展的实际。学校教育评价可以通过评价机构、人员为核心的调控反馈机制的不断反馈调节，使政府学校教育行政部门、学校领导与教师的工作不断完善，不断地逼近理想目标；使学生的学习不断地强化，不断地改进提高。

它可以通过以形成性评价为主的技术方法体系，对政府部门的学校教育行政工作、学校办学工作、教师与学生的教学工作不断地评价反馈、调节与控制，使学校教育活动向规定的学校教育目标逼近。学校教育评价导向功能是由评价目标、指标体系、控制反馈体系及以形成性评价为主的技术方法体系所决定的。其功能的充分发挥在于使学校教育活动以学校教育目标为起点，以学校教育目标的实施过程为关键，以学校教育目标的最终实现为归宿；在于使学校教育者与受学校教育者的工作、学习和行为能够通过评价不断地接近于目标、达到目标，使取向目标的行为得到强化，背离目标的行为得到弱化；在于使学校教育评价对象思想上产生与形成自觉地按目标的要求和步骤而进行学校教育活动的意识。

（三）激励功能

学校教育评价的激励功能是指合理有效地运用学校教育评价，能够激发和维持评价对象的内在动力，调动被评价者的内部潜力，提高其工作的积极性和创造性，从而达到学校教育管理的目的。评价的激励作用是分等鉴定的必然结果，它也包括对后进单位与个人的督促作用。这是因为在被评价对象比较多的情况下，这种不同的等级会使个人与个人、单位与单位之间进行不自觉的比较。这对被评价对象来说，是一个积极的刺激和有力的推动。因为在一般情况下，被评价对象无论是个人还是单位，都有获得较高评价和实现自身价值的愿望，这是人类普遍存在的一种心理趋向。恰如其分的评价结果能给人以心理上的满足感，从而激励人们不断进取。对于先进的单位和个人来说，评价的结果是对自己过去成绩的肯定与表扬，会对成功的经验起强化作用，使被评价者更加努力、更加主动，以保持或取得更大的成绩；对于落后者则是一种有力的鞭策，如果仍不努力就会被拉得更远。

要发挥这种激励作用，应注意评价指标的制订不可过高或过低，这两种情形都不利于积极性的调动，最适宜的指标应定在大多数被评价对象经过努力能够达到的程度，因此必须将条件评价、过程评价和形成性评价有机结合起来。例如评价一位原来各方面表现都比较差，经努力取得了较大进步的学生的学习成绩时，应特别注意三者的结合，既要看到他当前的学习成绩又要看到他初始的学习基础，还要看到他个人主观努力的过程，应予以较高的评价。只有公平、合理、客观、科学的评价，才能真正起到激励作用。

发挥学校教育评价内在固有的激励功能，对评价对象情感的激发，需要具备一定的外部环境条件。一般来说，当学校教育教学或学习等活动的参与者在社会需求影响下，主观需要进行价值判断时，有可能外显出学校教育评价内在固有的激励功能。同时，评价要素的内涵价值取向是否符合学校教育规律，评价过程操作程序技术的科学性，主持评价人员的心理、道德、品质等，都会直接或间接地影响激励功能的发挥。

学校教育评价功能是学校教育评价系统潜在的、理想的功效与能力，要对学校教育产生作用，还必须具有一定的学校教育外部环境与条件，通过学校教育评价活动与结果作用于评价对象而体现出来。学校教育评价系统的结构决定了学校教育评价的功能，学校教育评价的功能也制约和改变着学校教育评价系统的结构。学校教育评价功能问题涉及学校教育评价的指导思想、人们的学校教育观念与学校教育思想等。学校教育评价功能随着学校教育评价自身的发展而发展，随着历史而不断改变。学校教育评价是为了鉴定、考核，还是为了推动、改进；是为了选拔、淘汰，还是为了学校教育、发展，这是两种不同的学校教育评价观。早期学校教育评价目的是"选拔适用于学校教育的儿童"，故学校教育评价偏重鉴定、选拔功能，可以说评价目的在于筛选适合于接受高一级学校教育的儿童，淘汰一部分或大部分儿童，所以在评价方法上偏重实施相对评价、总结性评价。现代学校教育评价的目的是"创造适合儿童的学校教育"，故学校教育评价强调改进、激励、导向等功能。评价是为了诊断评价对象的需要，为了激励评价对象的积极性、主动性与创造性，促进儿童个性的和谐发展，所以在评价方法上偏重实施绝对评价、形成性评价。随着学校教育评价思想的不断发展，学校教育评价的目的由单一的学校教育目标测定发展到学校教育信息资料搜集和为学校教育决策服务，进而发展到进行学校教育价值判断，因而学校教育评价的功能也不断地扩展。

(四) 诊断功能

学校教育评价的诊断作用是指学校教育评价对学校教育的成效、矛盾和问题做出判断的功效和能力。科学的学校教育评价的过程是评价者利用观察、问卷、测验等手段，搜集被评价者的有关资料并进行严格的分析，它能够根据评价标准做出价值判断，分析出或者说出、诊断出学校教育活动中哪些部分或环节做得好，应加以保持和提高，同时也能指出哪些地方存在着问题，找出原因，再针对这些原因提供改进途径和措施的过程。学校教育评价过程如同看病就医一样，只有经过科学的诊断才能"对症下药"。学校教育评价的这一作用使其在提高学校教育工作质量上具有特殊重要的作用。

（五）调节功能

学校教育评价的调节功能是指学校教育评价对评价对象的学校教育教学或学习等活动进行调节的功效和能力。这种功能表现在两个方面：一是评价者为被评价者调节目标及进程。例如，通过评价，评价者认为被评价者已达到目标并能达到更高目标时，就会将目标调高，将进程相对调快；认为被评价者几乎没有可能达到目标时，就会将目标调低，将进程相对调慢，使之符合被评价者的实际。总之，要让他们在不同水平上朝目标前进，避免发生达到目标者停滞不前、达不到目标者沮丧气馁的情况。二是被评价者通过评价了解自己的长短、功过，明确努力方向及改进措施，以实现自我调节。

在学校教育管理中经常存在着各种调节活动。学校教育活动是否已经达到了预期的目标，是否具有达到目标的可能，若目标已经达到且还有达到更高目标的可能，或者达到预期目标的可能极小，甚至几乎就没有可能，在这种情况下都需要我们对目标进行必要的调整。这些信息的获得依靠的正是学校教育评价。人们对下一步工作做出计划的主要根据之一就是评价的结果。因此，学校教育评价是学校教育管理中一项应该经常进行的活动，以避免我们计划不周或主观判断有误而给工作带来损失。

（六）监督功能

学校教育评价的监督功能是指学校教育评价有对被评价对象起检查、督促的功效和能力。它的检查功能主要表现在学校教育评价总是将被评价对象与评价目标相比较，以确定其是否达到目标，以及达到目标的程度；它的督促功能主要体现在学校教育评价总是找出被评价对象与目标的差距，使其明确以后努力的方向和途径，督促被评价对象朝着评价目标前进。各级学校教育主管部门就是通过学校教育评价来实现对下级学校教育行政部门及学校的宏观管理的。

（七）管理功能

管理功能指学校教育评价使评价对象顺利完成预定任务、达成预期目的的约束功效和能力。学校教育评价指标体系可以内在规范、影响评价对象学校教育教学或学习等活动计划的制定和组织实施。学校教育、教学或学习等活动按评价指标设定的任务达到预期目标，其计划制定和行动方式的价值取向一般要以评价指标体系的规范为依据。学校教育评价管理功能显现的效度和力度，一般取决于学校教育评价管理系统及其学校教育行政权威的大小。

就管理功能之一的调控功能来说，是指依据预定目标而编制的学校教育评价指标体系，学校教育教学或学习等活动调整或控制的机制。在学校教育评价过程中，对评价对象学校教育活动逐项全面检测，获得必要信息，掌握学校教育教学或学习等活动的结果及其需要。动机与行动方式的内在联系，做出目标达成度的判断，进行肯定、表扬、奖励或否定，批评、惩罚，可以强化评价对象的积极倾向，抑制评价对象的消极倾向，对评价对象未来的学校教育教学或学习等活动的价值取向。努力方向或目标定位具有内在的规范、指挥、强制等调整、节制或控制的功效和能力。学校教育教学或学习等活动的开展，一般能够自我意识到要达到学校教育评价指标体系所设定的目标或要求，必须依据评价指标体系，对即将进行或正在进行的学校教育教学或学习活动，以及活动的基本要素进行合理组合，选择恰当的行为方式，才有可能达到评价指标体系设定的目标要求。为此，需要对照评价指标的要求，进行自我检测、自我调整、自我节制或自我控制。学校教育评价调控功能实现的程度，主要取决于评价指标体系的评价要素及其组合结构的合理性，同时受到评价人员自身素质和评价技术的影响。

(八) 教育功能

教育功能是指学校教育评价本身所具有的影响评价对象的思想、品质、思维的功效和能力。学校教育评价的教育功能主要是通过评价目标体系，采用他评和自评结合的方式，在形成性评价过程中得以充分体现的。第一，评价目标系统体现着一定的教育思想、教育方针和价值取向，无论是何种评价都要以此为基准，评价对象在评价过程中必然受其熏陶和影响。第二，现代学校教育评价重视动态的形成性评价，静态评价与动态评价相结合，注重即时反馈和调整的过程发展。第三，现代学校教育评价重视发挥评价对象的主体作用，重视他评与自评相结合，注重自我调节的过程发展，评价对象在评价过程中，按照评价目标体系，使评价过程成为"学习—对照—调节—改进—完善"的过程，有利于评价对象及时看到成绩，受到激励和鼓舞，找到差距，及时改进和提高，以促进评价对象的自我认识、自我改进、自我提高、自我完善。

二、学校教育评价的作用

（一）对学生的作用

1.建立正确的自我认识

教师对学生的教育评价是学生成长的一面镜子和重要促进力量。它能使学生更好地了解自己，认识自己，形成自我认识系统。教师通过依据学生个体差异和发展潜能制定多层次、多目标的评价标准对学生进行评价，能让学生客观认识自己，获得正确的自我认识，建立自信，从而有效地自我调节，最终形成良好的自我意识系统。这有助于改正传统评价标准单一（以智育成绩、分数为主要标准）的弊端，传统单一标准的评价往往忽视了学生其他方面的发展，导致学生自我意识错位等问题。

2.客观公正引导发展

教师在评价时克服主观性、情绪情感性的评价态度很重要。客观、公正地评价学生，以发展的眼光对待学生，能为学生的发展指明方向。克服那种因主观性强而只根据自己的喜乐好恶评价学生的情况，避免对部分学生造成不公平，如忽视性格孤僻、学习成绩不好的学生，防止挫伤学生的积极性、自尊心和自信心等情况的发生，从而使学生从教育评价中受益，在评价中发展。

3.激发内在潜力

教育评价方法多元化能激发学生的内在潜力。改变传统教育评价方法简单（注重分数、等级、量化，只看结果不看过程，只看统一要求不看个体差异）的情况，将定量评价和定性评价结合、终结性评价和形成性评价结合、统一评价和个体差异性评价结合，这样的教育评价能真正起到促进每个学生最大化发展的作用，而不是像传统评价中过多使用否定性评价来激励学生（这种方式易使学生产生挫折感，破坏内在动力机制），应更多使用肯定性评价来培养学生的自信心和积极的内部动力机制。

（二）对教师的作用

1. 对教师工作结果的考量

学校教育评价的首要功能在于对教师工作结果的客观评估。这包括但不限于学生的学习成绩、课堂参与度、师生关系、创新能力培养等多个维度。通过定期的教学质量检查、学生满意度调查、同行评审及家长反馈等多种方式，评价体系能够全面而准确地反映教师的教学成效。这种考量机制不仅为学校管理层提供了决策依据，更重要的是，它作为教师自我认知的一面镜子，让教师们能够清晰地看到自己的教学亮点与待改进之处。

正面反馈如同温暖的阳光，激励教师保持和发扬优秀的教学实践；而针对不足的反馈，则如同春雨般细腻，促使教师反思并寻求成长之道。这种基于结果的考量，不仅激发了教师提升教学质量的内在动力，还促进了教师之间的竞争与合作，共同推动学校整体教育水平的提升。

2. 关注教师专业成长过程

相较于单一的结果导向评价，现代学校教育评价更加重视教师的专业成长过程。这意味着评价不再仅仅停留于"做了什么"，而是深入"如何做得更好"的层面。通过设立专业发展计划、提供个性化培训、鼓励教学反思与研究、建立师徒制等举措，学校为教师的持续学习和发展搭建了广阔的平台。

关注教师专业成长，意味着评价体系的目光更加长远，它不再仅仅满足于眼前的成绩，而是着眼于教师的职业生涯发展。这种评价鼓励教师不断探索新的教学理念和方法，勇于尝试和创新，即使过程中遇到挫折也能得到及时的指导和支持。教师的专业成长不再是孤立无援的旅程，而是一个充满资源、合作与鼓励的过程。

学校教育评价对教师的作用是多维度的，它既是对教师工作结果的考量，也是对教师专业成长过程的深切关怀。在这样一个既严格又充满温情的评价体系中，教师不仅能够获得对自身工作的精准定位，还能在不断地学习与反思中实现自我超越。最终，这种以促进教师发展为核心的评价机制，将惠及每一位学生，为他们提供更加优质、个性化的教育体验，实现教育的真正目的——培养具有创新精神和社会责任感的未来公民。

三、学校教育评价的原则

(一) 确定学校教育评价原则的重要性

在当今社会，教育被视为国家发展的基石，而学校教育评价则是衡量教育质量、指导教育改革、促进学生全面发展的关键环节。确定科学、合理的学校教育评价原则，对于提升教育质量、激发教育活力、实现教育公平具有不可估量的价值。

1. 明确评价原则有助于构建全面、客观的评价体系

教育是一个复杂且多维度的过程，它不仅仅关乎知识的传授，更涉及能力的培养、情感态度的塑造及价值观的形成。因此，教育评价不能单一地聚焦于学生的学习成果，而应全面考查其学习过程、知识技能及综合素质。确立清晰的评价原则，如同为评价活动树立了明确的导向标，确保评价既注重结果，也重视过程；既考查显性知识，也评价隐性能力。这样的评价体系能够更加准确地反映学生的实际水平，促进学生的全面发展。

例如，通过将创新能力、团队合作能力、批判性思维等纳入评价标准，可以激励学生不仅追求学术成绩，还注重个人素养的提升。同时，关注学生的学习态度、努力程度等非智力因素，有助于形成更加立体、全面的学生画像，为个性化教学提供依据。

2. 合理的评价原则能够引导教育资源的优化配置

教育资源的分配直接关系到教育的公平与质量。科学的评价原则能够精准识别教育过程中的强项与短板，为教育政策制定者提供翔实的数据支持。基于这些数据，决策者可以有针对性地调整教育资源配置，如增加对薄弱学科的投入、优化师资队伍结构、改善教学设施等，从而促进教育的均衡发展。

此外，合理的评价原则还能激励学校和教育工作者不断改进教学方法，提升教学效率。当评价体系强调学生主体性和实践能力时，学校会更倾向于采用项目式学习、探究式学习等先进教学模式，这些都需要相应的资源支持。因此，评价原则的合理设定，实际上是在为教育资源的优化配置指明

方向。

3. 公正、透明的评价原则有助于增强教育公信力

公众对教育质量的信任是教育持续健康发展的基石。在信息不对称的时代背景下，明确、一致的评价标准能够增加评价结果的认可度，减少不必要的争议，提升社会对教育的整体满意度。公正、透明的评价原则意味着评价过程的公开、评价标准的统一及评价结果的客观，这有助于建立公众对教育评价的信任感。

当教育评价被视为公正、公平的标杆时，家长、学生乃至整个社会都会更加积极地参与教育监督中来，形成良性循环。这种广泛的参与和监督不仅能够促进教育质量的持续提升，还能增强教育的社会影响力，为构建学习型社会奠定坚实的群众基础。

(二) 学校教育评价的基本原则

1. 全面性原则

全面性原则强调评价应涵盖教育的各个方面，包括学生的知识掌握、技能发展、情感态度、价值观形成及创新能力等多个维度。这一原则要求评价内容不仅限于学科知识，还应关注学生的综合素质和个性化发展。在实践中，这意味着评价不应仅依赖于考试成绩，而应通过多样化的评价方式，如课堂观察、项目作业、口头报告、同伴评价、自我评价等，来全面评估学生的学习成效。

此外，全面性原则还体现在评价对象的广泛性上，即评价不仅针对学生，也应包括教师、课程、教学方法、学校文化及教育政策等，以确保教育系统的整体优化。

2. 发展性原则

发展性原则主张评价应以促进个体和组织的持续进步为目标。在教育评价中，这意味着评价不仅要反映当前的学习状态，更要着眼于学生的未来发展和潜能挖掘。评价过程应鼓励学生自我反思，识别自身的优势和待改进之处，从而激发其内在的学习动力。

对于教师而言，发展性评价应关注其专业成长，提供具体的反馈和建设性的建议，帮助教师不断优化教学策略，提升教育教学能力。同时，评价

系统应支持教育创新，鼓励教师尝试新的教学方法和技术，以适应时代发展的需要。

3. 一致性原则

一致性原则要求评价目标、评价标准、评价方法与教育目标、课程标准及教育政策保持一致。这意味着评价设计应紧密围绕教育目标进行，确保评价内容能够准确反映教育目标的要求。评价标准的设定需清晰、具体、可操作，便于评价者和被评价者共同理解和遵循。

此外，一致性原则还强调评价方法的科学性和客观性，确保评价结果的可信度和有效性。这要求采用标准化的评价工具，减少主观判断的影响，同时确保评价过程公平、透明，让所有参与者都能接受并认同评价结果。

4. 客观性原则

客观性原则是教育评价的基础，它要求评价过程不受主观偏见、情感因素或个人好恶的影响，而是基于明确的标准、数据和事实进行判断。这要求评价者具备专业素养，能够采用量化指标与质性分析相结合的方式，全面、客观地收集和分析信息。例如，学生的学习成绩、课堂参与度、创新能力等，都应通过具体的数据记录和观察记录来反映，避免单一依赖教师的主观印象。客观性原则保证了评价的公正性和准确性，为教育决策提供了可靠依据。

5. 目的性原则

目的性原则强调评价应服务于特定的教育目标和发展需求。评价不是为了排名或奖惩，而是为了诊断问题、促进改进和激发潜能。在设计评价方案时，首先要明确评价的目的是了解学生的学习进展、评估教师的教学效果，还是促进课程内容的优化。目的明确后，评价内容、方法和工具的选择才能更加有针对性，确保评价活动有的放矢，真正起到促进教育发展的作用。此外，目的性原则还鼓励评价结果的及时反馈，帮助师生明确下一步的努力方向。

6. 参与性原则

参与性原则主张评价过程中应广泛听取各方意见，包括学生、教师、家长及教育管理者等，形成多元评价主体共同参与的局面。这种参与不仅体现在评价标准的制定、评价过程的监督，还体现在评价结果的解读与应用上。

通过参与评价，不同群体能够更深入地理解评价的目的和意义，减少误解和冲突，增强评价的接受度和有效性。同时，参与性原则促进了教育民主化进程，使评价成为推动教育改革和发展的共同力量。

7. 主体性原则

主体性原则强调评价应以学生为中心，尊重学生的个性差异和主体地位。每个学生都是独一无二的个体，拥有不同的兴趣、能力和发展潜力。因此，评价应关注学生的个性化成长，采用多样化的评价方式和标准，以适应不同学生的需求。同时，鼓励学生自我评价和同伴评价，培养他们的自我反思能力和批判性思维，增强学习的主动性和责任感。主体性原则的实施，有助于构建以学生为中心的教育生态，促进学生的全面发展。

8. 单项评价与综合评价相结合的原则

单项评价侧重于对某一具体方面或单一指标的评估，如学生的考试成绩、某门课程的掌握程度、教师的单项教学技能等。这种评价方式能够精确地反映出某一特定领域的表现情况，便于快速定位问题所在，为针对性的改进提供依据。然而，单项评价的局限性在于它可能忽视了教育的整体性和关联性，导致评价结果的片面性。

综合评价则是对多个单项评价结果的整合与考量，旨在全面、系统地评价教育活动的整体效果。它不仅关注学生的学习成绩，还包括学生的综合素质、创新能力、情感态度、价值观等多方面的发展；对于教师而言，则涉及教学设计、课堂管理、师生互动、教育技术应用等多个维度的评价。综合评价能够更全面地反映教育活动的真实情况，有助于形成对教育质量的整体认识。

将单项评价与综合评价相结合，既能够深入细致地分析具体问题，又能从宏观角度把握教育发展的全貌，确保评价既精准又全面。这种结合有助于构建一个多维度、多层次的评价体系，为教育决策提供科学依据，促进教育质量的持续提升。

9. 定性分析与定量分析相结合的原则

定量分析主要依赖于数据和统计方法，通过量化指标来评价教育效果。例如，学生的平均分、及格率、优秀率，教师的教学工作量、科研成果数量等，都是典型的定量评价指标。定量分析的优势在于其客观性和可比较性，能够直观展示教育活动的数量特征和变化趋势，便于进行横向和纵向的比较分析。

定性分析则侧重于对教育现象的描述、解释和理解，强调主观判断和经验总结。它关注教育的质性方面，如学生的学习态度、创新思维、教师的教学风格、课堂氛围等难以量化的因素。定性分析通过深入访谈、观察记录、案例研究等方法，揭示教育过程中的深层次问题和影响因素，为改进教育实践提供了丰富的背景信息和深度洞察。

将定性分析与定量分析相结合，可以弥补单一方法的不足，实现评价的互补与平衡。定量分析提供了客观的数据支持，而定性分析则赋予了数据以意义和背景，两者结合能够更准确地揭示教育现象的本质和规律，促进评价结果的深度与广度的双重提升。这种综合性的评价模式有助于形成对教育活动的全面理解，为教育政策的制定、教学方法的创新提供更为科学的依据。

10.静态评价与动态评价相结合的原则

静态评价侧重于对某一时间点或阶段内教育成果的静态考查，如期末考试、学期总结等，它关注的是学习结果的可量化部分，如分数、等级等。这种评价方式能够清晰地反映出学生在特定知识点或技能上的掌握程度，便于教育者了解学生的学习现状，也为学生的自我定位提供了依据。

然而，教育的过程是一个动态发展的过程，学生的能力、兴趣和需求会随着时间、环境等因素的变化而变化。因此，动态评价显得尤为重要。动态评价不仅关注学生的学习成果，更重视学习过程、学习方法和学习态度的变化，通过跟踪记录学生的成长轨迹，评估其进步幅度和发展潜力。这种评价方式鼓励学生持续努力，强调"进步比成绩更重要"，有助于培养学生的自信心和持续学习的动力。

将静态评价与动态评价相结合，既能保证对学生当前学习水平的准确衡量，又能全面反映学生的成长轨迹和发展趋势，为教育者提供更加全面、立体的学生画像，从而制定出更加符合学生个体差异的教学策略。

11.评价与指导相结合的原则

教育评价不应仅仅停留在对结果的评判上，更重要的是通过评价过程发现学生的优点与不足，进而提供有针对性的指导和帮助。这就是评价与指导相结合的原则。

在评价过程中，教师应采用建设性的反馈方式，明确指出学生在哪些方面做得好，哪些方面有待提升，并给出具体的改进建议。这种评价方式不仅能够让学生明确自己的努力方向，还能激发其内在的学习动力，促进其主动学习和自我反思。

同时，评价应结合学生的个体差异，实施个性化指导。每个学生都是独一无二的，他们的学习风格、兴趣爱好、能力水平各不相同。因此，在评价时，教师应充分考虑这些因素，为学生提供量身定制的学习建议和资源，帮助他们发挥潜能，实现个性化发展。

此外，评价与指导的结合还意味着评价应是一个持续的过程，贯穿整个教育周期。教师应定期与学生进行沟通，了解他们的学习进展和遇到的困难，及时调整指导策略，确保评价的有效性和指导的针对性。

第三节　学校教育评价的理论基础

一、认知理论

(一) 认知理论概述

认知理论原来是建立在格式塔心理学的基础上的，在这种意义上也被称为"场的理论"。代表人物是托尔曼 (E. C. Tolman)，其理论要点集中在 1932 年发表的《动物和人的有目的的行为》(Purposive behavior of animals and men) 中。认知理论认为，人类的思维和行为是基于对外界的感知、思考和理解而形成的。在认知心理学中，人类被视作具有一个内在的认知结构，这个结构不断接受、存储和处理来自外部世界的信息。

认知理论的最大贡献在于其教育应用。它介绍了一种基于学习和响应方法的教育方法，强调教师必须建立一个有效的学习环境，让学生将外部世界的信息与他们已经掌握的信息相结合。这种教育方法不仅可以提高学生的智力和学业成绩，还能提高他们对生活的理解和社交技能。

认知理论的基本假设是，人们在处理复杂的信息时，倾向于组合和重新组织自己已经掌握的知识，以更好地领会和理解新的信息。它强调人类在学习和思考的过程中所涉及的认知过程，包括注意力、记忆、思维和语言等方面。认知理论主张人类的学习能力是基于他们已有的知识和经验，当人们学习新的知识时，旧的知识和经验将会被结合起来，从而形成新的概念和认知结论。

(二) 认知理论对学校教育评价的启示

1.注重学生的主体性

认知理论强调学生在学习过程中的主体地位。因此，学校教育评价应关注学生的主体性，重视学生的自我评价和同伴评价。通过自我评价，学生可以反思自己的学习过程和成果，发现自己的优点和不足，并制订相应的改进计划。同伴评价则有助于学生互相学习、交流经验，并评估彼此的学习成果，培养合作精神和批判性思维能力。

2.强调知识的建构过程

认知理论认为，学习是一个知识建构的过程。因此，学校教育评价应关注学生的学习过程，而不仅仅是学习结果。形成性评价在教学过程中进行，旨在了解教育活动的进展情况，为调整和改进教育计划提供依据。这种评价方式有助于教师及时发现问题，调整教学策略，从而促进学生更好地掌握知识。

3.重视多元评价

认知理论强调人的知觉和思维分别受到先验的期望和当前的信息所影响。因此，学校教育评价应采用多元化的评价方式，包括绝对评价法、相对评价法、个体内差异评价法等。这些评价方式可以全面反映学生的综合素质，避免单一评价方式的局限性。同时，多元评价也有助于教师更全面地了解学生的学习情况，为教学改进提供依据。

4.关注评价的反馈作用

认知理论认为，人们通过调整和组合已经掌握的知识来更好地领会和理解新的信息。因此，学校教育评价应注重评价的反馈作用。评价结果应及时反馈给学生、教师和家长等相关人员，以便他们了解学生的学习情况和改进教学方法。通过反馈，学生可以明确自己的优点和不足，制订改进计划；教师可以调整教学策略，提高教学效果；家长可以了解孩子的学习状况，给予适当的支持和帮助。

二、行为主义理论

在教育领域中，评价是确保教学质量、促进学生发展的重要环节。不同的教育理论基础为教育评价提供了多样化的视角和方法，其中行为主义理论作为一种经典的学习理论，对学校教育评价产生了深远的影响。笔者旨在探讨行为主义理论的概述及其对学校教育评价的启示。

(一) 行为主义理论概述

行为主义理论起源于20世纪初的美国心理学界，其核心思想在于强调可观察、可测量的外显行为，认为行为是学习的结果，而学习是通过刺激—反应 (S—R) 的联结过程实现的。该理论主要由几位关键人物推动发展，包括约翰·B.华生 (John B.Watson) 的经典行为主义、爱德华·C.托尔曼 (Edward C.Tolman) 的目的行为主义及伯尔赫斯·弗雷德里克·斯金纳 (B.F.Skinner) 的操作条件作用理论。

第一，经典行为主义。华生主张心理学应仅研究可观察的行为，认为心理过程和意识是不可靠且无法科学验证的，因此应被排除在心理学研究之外。他强调环境刺激对行为的影响，认为通过控制环境可以塑造个体行为。

第二，目的行为主义。托尔曼引入"中介变量"概念，认为在刺激与反应之间存在个体的认知过程 (如期望、目的等)，这些内部状态虽然不可直接观察，但影响行为的选择和结果。

第三，操作条件作用理论。斯金纳进一步发展了行为主义，提出了强化理论，认为行为的频率和概率可以通过奖励 (正强化) 或惩罚 (负强化) 来改变。他强调环境中的反馈对行为学习的重要性，并设计了各种教学机器和程序化教学来促进学习。

(二) 行为主义理论对学校教育评价的启示

行为主义理论为学校教育评价提供了以下重要启示：

1.目标明确性与可测量性

行为主义强调行为的具体性和可测量性，这要求学校教育评价应设定清晰、具体的学习目标，并使用量化指标来衡量学生是否达成这些目标。例如，通过标准化测试、作业完成情况等客观数据来评估学生的学习成效。

2.环境控制与刺激设计

根据行为主义理论，学习环境和学习材料的设计对学习效果至关重要。因此，学校教育评价应关注教学环境的优化，包括课堂管理、教学资源的使用及师生互动的有效性，确保这些因素能够促进学生正向行为的产生。

3.强化机制的应用

斯金纳的强化理论提示我们，正向反馈和适当的奖励能够增强学生的学习动机和行为表现。学校教育评价应包含对学生正面行为的认可和鼓励，同时，对于需要改进的行为，应提供建设性的反馈和适当的指导，以促进学生行为的积极调整。

4.个性化教学策略

虽然行为主义强调外部因素对学习的影响，但现代行为主义理论（如差异教学）也开始关注个体差异，提倡根据学生不同的学习风格和能力调整教学策略。这要求学校教育评价不仅要关注群体平均水平，还要关注个体差异，通过差异化评价促进每个学生的最大发展。

三、人本主义理论

（一）人本主义理论概述

人本主义（Humanism 或 Anthropologism）是一种强调从人的本质出发，研究人与自然、人与人之间关系的理论。这一理论不仅关注人的全面发展，还强调人的价值和尊严。人本主义包括唯物主义和唯心主义两种倾向，但更侧重于人的道德伦理含义，以及人的自然属性和人与自然的关系。

人本主义的主要流派之一是存在主义，其代表人物有海德格尔、雅斯贝尔斯、萨特和梅洛 - 庞蒂等。存在主义强调个人自由选择的重要性，认为人是自己命运的主人。萨特提出"存在先于本质"，认为人的本质是在不断的自由选择中形成的。此外，弗洛伊德的精神分析理论、阿德勒的个体心理学及荣格的集体无意识概念，也在一定程度上体现了人本主义的思想。

在教育领域，人本主义理论主张教育应关注学生的情感、勇气、自尊、自信等非认知领域，强调学生的潜能发展和自我实现。人本主义教育者认为，教育的目的是帮助学生认识自己、理解他人，并在社会环境中实现个人的全面发展。

（二）人本主义理论对学校教育评价的启示

1. 关注个体差异与个性化教育

人本主义理论强调每个学生都是独特的个体，具有不同的需求和兴趣。因此，在学校教育评价中，应关注学生的个体差异，注重个性化教育。评价应关注学生的学习过程、情感发展和自我实现，而不仅仅是知识积累。通过多样化的评价方式，如小组讨论、角色扮演、案例分析等，可以激发学生的学习兴趣，促进其主动学习。

2. 倡导学生参与式评价

人本主义教育认为，学习应是学习者自主、自愿、自我决定的过程。因此，在学校教育评价中，应倡导学生参与式评价，让学生成为评价的主体。通过自我评价和同伴评价，学生可以更好地认识自己的优点和不足，从而进行自我调整和提升。同时，教师应鼓励学生提出评价建议，共同完善评价体系。

3. 创造积极的学习氛围

人本主义理论强调学习环境应是积极的、支持性的。在学校教育评价中，应创造积极的学习氛围，激发学生的学习兴趣和热情。通过丰富多样的教学方式，如游戏、竞赛等，让学生在愉悦的氛围中学习。同时，应注重班级管理，建立和谐的班级氛围，为学生提供一个良好的学习环境。

4. 强调自主学习能力

人本主义教育认为，自主学习能力是学生适应未来社会的重要素质。因此，在学校教育评价中，应关注学生的自主学习能力，促进其自我决定和自我管理。通过综合实践、自我评价等方式，让学生在实践中学习，提高自主学习能力。评价应关注学生的探究过程、问题解决能力和创新思维，鼓励学生在学习中不断探索和发现。

5. 建立和谐的师生关系

人本主义理论强调师生关系的建立及学生情感的发展。在学校教育评价中，教师应成为学生的朋友和引导者，与学生建立和谐的师生关系。通过共情式理解、倾听和反馈，教师可以更好地了解学生的需求和心理状态，从而为学生提供更有针对性的指导和帮助。同时，和谐的师生关系也有助于激发学生的学习兴趣和积极性。

四、社会建构主义理论

(一) 社会建构主义对知识的看法为学校教育评价提供基础

1. 知识的社会建构性

社会建构主义认为知识是在社会互动中建构的，不是个体独立形成的。在学校教育评价中，这意味着不能仅仅以个体内部的、孤立的标准来评价学生的知识掌握情况。例如，学生在小组合作学习中对知识的建构，是通过与小组成员的交流、讨论、分享等互动过程实现的。评价学生的学习成果时，要考虑到这种社会互动对知识建构的贡献。如果一个学生在小组项目中表现出色，可能是因为他在小组互动中吸收了其他成员的观点，同时也贡献了自己的独特见解，这就需要评价者从社会建构知识的角度去全面评估，而不是只看个人独立完成任务的情况。

2. 情境性知识

社会建构主义强调知识是基于具体情境的，个体在特定的社会文化背景下建构知识。对于学校教育评价来说，评价不能脱离学生学习知识的具体情境。比如，在评价学生对历史事件的理解时，要考虑到当时的社会、文化、政治等情境因素。如果学生能够将历史事件放在特定的历史情境中进行分析，这表明他们对知识有更深入的理解。同样，在评价科学实验的学习成果时，也要考虑实验开展的具体条件和环境，包括实验室设备、团队合作氛围等情境性因素对学生知识建构的影响。

(二) 社会建构主义学习观对学校教育评价的启示

1. 学习的社会本质

社会建构主义认为学习是个体与社会相互作用的过程，知识是在与他人互动交流中建构的。在学校教育评价中要求评价体系要关注学生的社会交往能力和合作学习能力。例如，在课堂讨论中，学生是否能够积极与他人互动，是否能够尊重他人的观点并有效地表达自己的想法，这些都应该成为评价的重要内容。传统的以个体考试成绩为主的评价方式就需要得到补充和完善，要增加对学生在团队项目、小组讨论等社会互动学习情境中的表现评价。

2. 学习的互动性

学习是通过互动交流实现的，个体通过与他人合作、讨论和分享来建构知识。在学校教育评价方面，这意味着要鼓励教师采用多样化的互动式教学方法，并且对这些教学方法的效果进行评价。例如，评价教师组织的课堂小组合作学习是否有效，要看小组内成员之间的互动是否积极，是否促进了知识的共同建构。对于学生的评价，也要看他们在互动学习中的参与度、对团队的贡献等。同时，这种互动性还体现在学校与家庭、社区等外部环境的互动上，学校教育评价也应考虑到外部互动对学生学习和发展的影响。

五、多元智能理论

(一) 多元智能理论概述

多元智能理论是由美国哈佛大学教育研究院的心理发展学家霍华德·加德纳 (Howard Gardner) 在 1983 年提出的。加德纳从研究脑部受创伤的病人发觉到他们在学习能力上的差异，从而提出本理论。

传统智力理论认为语言能力和数理逻辑能力是智力的核心，智力是以这两者整合方式而存在的一种能力。针对这种仅徘徊在操作层面，而未揭示智力全貌和本质的传统的有关智力的狭隘定义，研究者们从 20 世纪 70 年代开始，就从心理学的不同领域对智力的概念进行了重新的检验，其中最有影响的当属耶鲁大学的心理学家罗伯特·斯滕伯格 (Robert Stenberg) 所提出的三元智力理论 (分析性智力、创造性智力、实践性智力)。

而 20 世纪 80 年代哈佛大学认知心理学家加德纳所提出的多元智能理论，定义智能是人在特定情景中解决问题并有所创造的能力。他认为我们每个人都拥有八种主要智能：

1. 语言智能

这种智能主要是指有效地运用口头语言及文字的能力，即指听、说、读、写能力，表现为个人能够顺利而高效地利用语言描述事件、表达思想并与人交流的能力。这种智能在作家、演说家、记者、编辑、节目主持人、播音员、律师等职业上有更加突出的表现。

2. 逻辑数学智能

从事与数字有关工作的人特别需要这种有效运用数字和推理的智能。他们学习时靠推理进行思考，喜欢提出问题并执行实验以寻求答案，寻找事物的规律及逻辑顺序，对科学的新发展有兴趣。即使他人的言谈及行为也成了他们寻找逻辑缺陷的好地方，对可被测量、归类、分析的事物比较容易接受。

3. 空间智能

空间智能强调人对色彩、线条、形状、形式、空间及它们之间关系的敏感性很高，感受、辨别、记忆、改变物体的空间关系并借此表达思想和情感的能力比较强，表现为对线条、形状、结构、色彩和空间关系的敏感以及通过平面图形和立体造型将他们表现出来的能力，能准确地感觉视觉空间，并把所知觉到的表现出来。这类人在学习时是用意象及图像来思考的。

空间智能可以划分为形象的空间智能和抽象的空间智能两种能力。形象的空间智能为画家的特长。抽象的空间智能为几何学家特长。建筑学家形象和抽象的空间智能都擅长。

4. 肢体运作智能

善于运用整个身体来表达想法和感觉，以及运用双手灵巧地生产或改造事物的能力。这类人很难长时间坐着不动，喜欢动手建造东西，喜欢户外活动，与人谈话时常用手势或其他肢体语言。他们学习时是透过身体感觉来思考。

这种智能主要是指人调节身体运动及用巧妙的双手改变物体的技能。其表现为能够较好地控制自己的身体，对事件能够做出恰当的身体反应以及善于利用身体语言来表达自己的思想。运动员、舞蹈家、外科医生、手艺人都有这种智能优势。

5. 音乐智能

这种智能主要是指人敏感地感知音调、旋律、节奏和音色等能力，表现为个人对音乐节奏、音调、音色和旋律的敏感以及通过作曲、演奏和歌唱等表达音乐的能力。这种智能在作曲家、指挥家、歌唱家、乐师、乐器制作者、音乐评论家等人员那里都有出色的表现。

6. 人际智能

人际关系智能是指能够有效地理解别人及其关系，以及与人交往能力，包括四大要素：①组织能力，包括群体动员与协调能力。②协商能力，指仲裁与排解纷争能力。③分析能力，指能够敏锐察知他人的情感动向与想法，易与他人建立密切关系的能力。④人际联系，指对他人表现出关心，善体人意，适于团体合作的能力。

7. 内省智能

这种智能主要是指认识到自己的能力，正确把握自己的长处和短处，把握自己的情绪、意向、动机、欲望，对自己的生活有规划，能自尊、自律，会吸收他人的长处，会从各种回馈管道中了解自己的优劣，常静思以规划自己的人生目标，爱独处，以深入自我的方式来思考，喜欢独立工作，有自我选择的空间。这种智能优秀的政治家、哲学家、心理学家、教师等人员那里都有出色的表现。

内省智能可以划分两个长层次：事件层次和价值层次。事件层次的内省指向对于事件成败的总结。价值层次的内省将事件的成败和价值观联系起来自审。

8. 自然探索智能

自然探索智能是指能认识植物、动物和其他自然环境（如云和石头）的能力。自然智能强的人，在打猎、耕作、生物科学上的表现较为突出。自然探索智能应当进一步归结为探索智能，包括对于社会的探索和对于自然的探索两个方面。

(二) 对学校教育评价的影响

多元智能理论启示我们，每个学生都是独特的，都有自己的智能优势和学习方式。因此，学校教育评价应当从多个维度全面评价学生的综合素质，避免单一标准带来的片面性。

首先，多元智能理论推动了教育评价体系的改革和完善。在评价学生时，学校应不再仅仅依赖纸笔测试和标准化考试，而应结合学生的各种智能表现进行多元化评估。例如，在语言智能方面，可以通过阅读、写作、演讲等活动来评价学生的语言表达能力；在逻辑数学智能方面，可以通过解决数学问题、进行逻辑推理等活动来评价学生的逻辑思维能力；在音乐智能方面，可以通过演唱、演奏、创作等活动来评价学生的音乐才能。这样的评价方式能够更全面地反映学生的智能发展水平，有助于发现学生的潜能和特长。

其次，多元智能理论强调了个性化教学的重要性。每个学生都有自己的智能优势和劣势，因此学校教育应关注学生的个体差异，尊重每个人的智能组合和发展潜力。在评价学生时，学校应根据学生的智能优势制订个性化的教学计划，帮助学生发现自己的优势领域，提高学习兴趣和成绩。同时，学校还应提供丰富的学习资源和环境，让学生在实践中学习和探索，以激发学生的学习兴趣和积极性。

再次，多元智能理论还推动了跨学科整合的教育实践。该理论认为，不同智能之间是相互依赖、相互补充的。因此，学校教育应鼓励跨学科整合，将不同学科的知识和技能进行融合，培养学生的跨学科思维和解决问题的能力。在评价学生时，学校也应关注学生的跨学科表现，评价他们是否能够将不同学科的知识和技能综合运用解决实际问题。

最后，多元智能理论对教师的角色和素质提出了新的要求。在多元智能理论指导下，教师不再是知识的权威者，而是学生学习的指导者、支持者、合作者及学习建构的促进者。教师需要研究学生的智能结构、水平差异与个性需求，适应以学生为主体的教学角色的转变。同时，教师还应具备多项智能，以自身的智能经验为学生发展各项智能提供榜样。这要求教师不断提高自身素质，具备广博的知识和广泛的兴趣，以适应不同智能、不同智能发展水平的学生在教学中的需求。

六、教育评价理论

（一）教育评价理论概述

1. 发展性评价理论

发展性评价关注学生的发展过程，强调评价的目的是促进学生的发展。在学校教育评价中，这表现为教师对学生的评价不再局限于一次性的考试成绩，而是贯穿整个教学过程。例如，教师会通过课堂表现、作业完成情况、小组讨论参与度等多方面的动态观察来评价学生的学习进展，及时给予反馈和指导，帮助学生调整学习策略，不断提升学习能力。这种评价理论有助于打破传统评价的单一性和滞后性，更好地适应现代教育对学生综合素养培养的要求。

2. 诊断性评价理论

诊断性评价是在教学活动开始前，对评价对象的学习准备程度做出鉴定，以便采取相应措施使教学计划顺利、有效实施而进行的测定性评价。在学校教育中，通过诊断性评价，教师可以了解学生的知识基础、学习能力、学习态度等方面的情况。例如，在新学期开始时，通过简单的测试或者问卷调查了解学生对上一学期知识的掌握程度，对新学科的兴趣和期望等。这些信息有助于教师调整教学内容和方法，为每个学生提供更适合的教学起点，提高教学的针对性和有效性。

3. 形成性评价理论

形成性评价是在教学过程中，为调节和完善教学活动，保证教学目标得以实现而进行的确定学生学习成果的评价。在课堂教学中，教师可以通过课堂提问、小组作业、阶段性小测验等方式进行形成性评价。例如，教师在讲解一个知识点后，通过课堂提问来了解学生的掌握情况，如果发现大部分学生存在理解困难，就可以及时调整教学策略，重新解释知识点或者换一种教学方法。形成性评价能够及时反馈学生的学习情况，帮助教师和学生及时发现问题并调整教学和学习方向，从而提高教学质量和学习效果。

4. 总结性评价理论

总结性评价是以预先设定的教学目标为基准，对评价对象达成目标的程度即教学效果做出评价。在学校教育中，常见的学期末考试就是一种总结性评价。它注重考查学生掌握某门学科的整体程度，概括水平较高，测验内容范围较广。总结性评价可以对学生在一个学期或一个学习阶段的学习成果进行总体的衡量，为教师评估教学效果、为学校进行教学质量监控提供依据，同时也为家长了解学生的学习情况提供参考信息。

5. 绝对评价法相关理论

绝对评价法是在被评价对象的集合以外确定一个客观标准，将评价对象与这一客观标准相比较，以判断其达到程度的评价方法。在学校教育评价中，如某些学科的学业水平考试，会根据既定的课程标准来命题和评判。这种评价方法能够促使学生明确学习目标，按照客观标准努力学习，并且可以根据评价结果及时发现自己与标准的差距，从而调整学习策略，主动提高自己的知识和技能水平。

6. 相对评价法相关理论

相对评价法是从评价对象集合中选取一个或若干个对象作为基准，将余者与基准做比较，排出名次、比较优劣的评价法。在学校教育中，常见于班级内部或者学校内部的成绩排名等情况。这种评价方法可以在一定程度上激发学生的竞争意识，但也可能带来一些负面影响，如过度竞争导致学生压力过大等。因此，在使用相对评价法时需要谨慎权衡利弊，并且结合其他评价方法共同使用，以保证评价的全面性和客观性。

7. 个体内差异评价法相关理论

个体内差异评价是以评价对象自身状况为基准，对评价对象进行价值判断的评价方法。在学校教育评价中，如学生可以将自己现在的成绩与过去的成绩进行比较，或者将自己在不同学科方面的表现进行比较。这种评价方法关注学生个体自身的成长和发展，能够让学生看到自己的进步轨迹，有助于增强学生的学习自信心，激发学生自我提升的动力，尤其对于那些在班级中成绩相对不突出但自身一直在进步的学生来说，这种评价方法更能体现他们的努力成果和发展潜力。

（二）教育评价理论对学校教育评价的启示

1. 发展性评价对学校教育评价的启示

发展性评价理论的核心在于"发展"，它突破了传统评价模式中过分强调甄别与选拔的局限，转而关注学生的个体差异与全面发展。这一理论启示我们，学校教育评价应当从以下几个方面进行调整与优化：

（1）注重个体差异

每个学生都是独一无二的个体，拥有不同的兴趣、能力和学习节奏。因此，评价体系应能灵活适应这些差异，采用多元化的评价标准和方法，确保评价结果的公正性和有效性。

（2）尊重个性发展

评价不仅要关注学生的知识掌握情况，更要重视其创新能力、批判性思维、情感态度与价值观等多方面的发展。通过评价引导学生认识自我、发现潜能，促进个性特长的发挥。

（3）促进全面成长

发展性评价旨在通过持续的反馈与指导，激励学生不断进步，实现德、智、体、美、劳全面发展。评价过程应成为学生学习旅程中的伙伴，而非终点，鼓励学生设定个人发展目标，享受成长的过程。

2.诊断性评价理论对学校教育评价的启示

诊断性评价作为教学准备阶段的重要工具，其目的在于"诊断"学生的学习准备状态、学习需求及可能遇到的障碍，为制订科学合理的教学计划提供依据。这一理论对学校教育评价的启示主要体现在：

（1）精准识别需求

在教学活动开始前，通过问卷调查、访谈、检测等方式，全面了解学生的学习背景、兴趣偏好、知识基础及学习障碍，为教师提供精准的学生画像，确保教学内容与方法的针对性。

（2）优化教学计划

基于诊断性评价的结果，教师可以更加科学地设计教学目标、选择教学方法、安排教学进度，确保教学活动既符合大多数学生的需求，又能针对个别学生的特殊情况进行适当调整。

（3）实施个性化辅导

诊断性评价不仅能帮助教师识别班级整体的学习状态，还能发现个别学生的学习困难。这促使教师在教学过程中实施差异化教学策略，为学习有困难的学生提供额外的辅导和支持，确保每位学生都能在适合自己的节奏下成长。

3.形成性评价理论对学校教育评价的启示

（1）教学过程中持续的评价与反馈

形成性评价的核心在于其过程性和连续性，强调在教学过程中不断收集信息，对学生的学习进展进行实时监控和评估。这一理论启示我们，学校教育评价不应仅仅停留在期末考试或大型测验上，而应贯穿日常教学的每一个环节。通过定期的测验、作业分析、课堂观察、小组讨论等多种形式，教师可以及时发现学生在学习过程中遇到的问题和困难，进而调整教学策略和方法，确保教学活动始终贴近学生的实际需求。

(2) 个性化指导与教学效果的提升

形成性评价不仅关注学生的学习成果，更重视学习过程中的个体差异。它要求教师根据每个学生的独特学习风格和进度，提供个性化的指导和支持。这种评价方式有助于教师深入了解每位学生的优势与不足，设计更加符合学生特点的教学活动，从而激发学生的学习兴趣，提升教学效果。通过持续的个性化反馈，学生也能更加清晰地认识到自己的学习状态，增强自我调整和改进的能力。

(3) 评价主体的多元化

形成性评价理论还强调了评价主体的多元化，即评价不应仅由教师单方面进行，而应鼓励学生、同伴乃至家长参与评价过程中来。这种多元化的评价方式有助于从多个角度全面反映学生的学习状况，增强评价的客观性和公正性。学生自评能够培养他们的自我反思能力；同伴互评则能促进学生之间的相互学习和理解；家长参与评价则能增强家校合作，共同促进学生的健康成长。

(4) 促进教师专业成长

形成性评价的实施对教师而言也是一次自我提升的过程。通过深入分析评价结果，教师可以反思自己的教学方法和策略，不断优化课程设计，提升教学质量。同时，参与形成性评价的过程也促使教师不断学习和掌握新的评价技术和工具，提升自身的专业素养。

4. 总结性评价理论对学校教育评价的启示

总结性评价通常用于判断教学目标的达成度，为教学改进提供依据。总结性评价理论对学校教育评价具有以下几方面的启示：

(1) 全面性

总结性评价强调对学生学习成果的全面评估，这要求学校教育评价在内容、形式和标准上都要体现全面性。在内容上，评价应涵盖知识、技能、情感态度等多个维度；在形式上，除了传统的笔试、口试外，还应包括实践操作、项目展示、同伴评价等多种方式；在标准上，既要关注统一的标准，也要尊重个体差异，实现个性化评价。

全面性启示我们，学校教育评价不能片面追求分数或成绩，而应关注学生的全面发展。通过多样化的评价方式和标准，可以更准确地反映学生的学习成果和个体差异，为教学改进提供更有价值的反馈。

(2) 客观性和科学性

总结性评价注重评价的客观性和科学性，这要求学校教育评价在数据采集、分析和解释过程中要遵循科学的方法和原则。通过量化数据和质性描述相结合的方式，可以更准确地评估学生的学习成果和教学效果。

客观性和科学性启示我们，学校教育评价不能仅凭主观判断或经验推测，而应基于科学的方法和数据进行决策。通过建立完善的评价体系和机制，可以确保评价的公正性和准确性，提高教学决策的科学性和有效性。

(3) 应用价值

总结性评价不仅关注学生的学习成果，还关注这些成果对后续学习和生活的影响。这要求学校教育评价在关注当前教学效果的同时，也要考虑其长远的应用价值。通过评价结果的反馈和应用，可以指导教学改进和学生发展，实现教育的可持续发展。应用价值启示我们，学校教育评价不能仅停留在对过去教学效果的总结上，而应着眼于未来教育和学生的发展。通过评价结果的反馈和应用，可以不断优化教学策略和方法，提高学生的学习效果和综合素质，为他们的未来发展奠定坚实的基础。

5.绝对评价法相关理论对学校教育评价的启示

绝对评价理论为学校教育评价提供了诸多启示。

(1) 客观性和一致性：确保评价的公正性和准确性

绝对评价法的核心在于采用统一的评价标准，这一特点确保了评价结果的客观性和一致性。在学校教育实践中，这意味着评价不再依赖于教师的主观判断或个别学生的特殊情况，而是基于明确、可量化的标准进行。

为了确保评价的公正性和准确性，学校可以制定明确的学习目标和设计标准化的测试题目。这些目标和题目应当涵盖课程标准和教学大纲的各个方面，确保评价内容的全面性和均衡性。通过标准化的测试，学校可以对学生的知识掌握、技能发展及综合素质进行客观评估，从而得出准确、可靠的评价结果。

此外，学校还应加强对评价过程的监督和管理，确保评价工作的规范性和公正性。通过培训教师、建立评价监督机制等措施，可以有效提升评价的客观性和一致性，为学生的学习和成长提供有力的支持。

(2) 明确教育目标：引导教学活动向共同目标努力

绝对评价法不仅关注评价结果的客观性和一致性，还强调评价标准的明确性。这一特点有助于学校明确教育目标，引导教师和学生向共同的目标努力。

根据课程标准和教学大纲，学校可以制定具体的学习目标和评价标准。这些目标和标准应当具有针对性、可操作性和可衡量性，能够清晰地反映学生在学习过程中应达到的知识和技能水平。学校通过将这些目标和标准传达给教师和学生，可以引导他们明确学习方向，制订学习计划，确保教学活动的针对性和有效性。

同时，学校还应加强对教学过程的监控和评估，确保教学活动符合既定的教育目标。通过定期的教学检查、课堂观摩、学生反馈等方式，学校可以及时了解教学情况，发现问题并采取相应措施进行改进，确保教学目标的实现。

(3) 激发学习动力：激励学生积极参与学习，提高教学效果

绝对评价法通过明确的评价标准，使学生清楚地了解自己的学习目标和差距，从而激发他们的学习动力和改进意愿。这一特点为学校提供了有效的激励手段，可以促进学生积极参与学习，提高教学效果。

学校可以利用绝对评价法的这一优势，设计具有挑战性的学习任务和评价标准。这些任务和标准应当既符合学生的实际水平，又具有一定的难度和深度，能够激发学生的求知欲和探索欲。通过完成这些任务和达到评价标准，学生可以感受到自己的进步和成就，从而增强自信心和学习动力。

此外，学校还可以建立奖励机制，对表现优秀的学生进行表彰和奖励。这些奖励可以是物质奖励、精神奖励或机会奖励等，能够进一步激发学生的学习积极性和创造力。通过奖励机制的建立和实施，学校可以营造良好的学习氛围，促进学生之间的良性竞争和共同进步。

绝对评价法相关理论启示我们，学校教育评价应更加注重评价标准的统一性和客观性，通过明确的教育目标和评价标准，引导学生向既定的目标努力，并激发他们的学习动力和改进意愿。

6. 相对评价法相关理论的启示

相对评价法是在集合内比较排序的一种评价方法，其核心在于通过学

生之间的比较来确定其相对位置。这种评价方法启示我们，在学校教育评价中，应当注重培养学生的竞争意识和进取心。在竞争激烈的社会环境中，具备强烈的竞争意识和进取心是学生未来成功的关键。通过相对评价，学生可以清晰地认识到自己在班级或年级中的位置，从而激发他们不断追求进步和超越自我的动力。

然而，相对评价法也提醒我们，要关注学生的个体差异，避免过度竞争带来的负面影响。每个学生都有自己的成长节奏和学习方式，过度强调竞争可能会导致部分学生产生挫败感和焦虑情绪，进而影响他们的身心健康和学习效果。因此，在评价过程中，教师应注重平衡竞争与合作的关系，创造一个既有利于竞争又充满合作精神的学习环境。

此外，评价结果的应用应多样化。相对评价不仅可用于选拔和分类，如选拔优秀学生参加各类竞赛或活动，分类进行分层教学等，更应注重其指导和改进教学的功能。通过分析评价结果，教师可以发现教学中的不足之处，及时调整教学策略和方法，以提高教学质量和学生的学习效果。

7. 个体内差异评价法相关理论的启示

个体内差异评价法是以自身为基准进行评价的一种方法，它强调关注每个学生的个体差异和发展需求。这种评价方法启示我们，在学校教育评价中，应实施有针对性的教育策略。每个学生都有自己独特的兴趣、优势和潜能，通过个体内差异评价，教师可以更准确地了解学生的学习特点和需求，从而为他们提供个性化的教育支持。

同时，个体内差异评价法要求制定个性化的学习计划和发展目标。这意味着教师应根据学生的实际情况，为他们量身定制学习计划和发展路径，以确保每个学生都能在自己的基础上取得最大的进步。这种评价方式不仅有助于激发学生的学习兴趣和积极性，还能促进他们的全面发展。

在评价过程中，个体内差异评价法还强调客观性和公正性。为了避免主观因素的影响，教师应采用多种评价手段和方法，如作业分析、课堂观察、同伴评价等，以确保评价结果的准确性和有效性。同时，教师还应注重与学生的沟通和反馈，让学生了解自己的学习情况和发展方向，从而激发他们的学习动力和自我改进意识。

第二章　学校教育评价标准与工具

第一节　学校教育评价标准的结构

一、学校教育评价标准的定义

教育评价标准是指为了对学生的学习成果和教育质量进行客观、全面地评价，从而提供有效的反馈和改进教学的依据，所制定的一系列规范和准则。学校教育评价标准是其中针对学校教育这一特定范畴的评价准则。学校教育评价指标体系一般由评价指标、指标权重、评价标准三个要素构成，其中评价标准是指判断该项指标达成优劣程度的准则与尺度。

二、学校教育评价标准的重要性

(一) 对教师的重要性

在当今社会，教育作为推动社会进步和个人发展的基石，其质量直接关乎国家的未来和民族的希望。而在这一宏大体系中，教师作为教育的直接实施者，其素质、能力和工作态度直接影响着教育的成效。因此，建立一套科学、合理的学校教育评价标准，对于激励教师发展、完善教师考核体系具有不可估量的重要性。

1. 激励教师发展

教师评价是学校教育评价的重要范畴，其核心目的在于确立衡量好教师的标准，并以此为杠杆，激发教师的内在动力，促进其专业成长。教育评价的导向、激励、改进功能在这一过程中发挥着至关重要的作用。

明确的教育评价标准为教师指明了努力的方向。它不仅关注教师的教学成果，更重视教学过程中的教育理念、教学方法和师生关系等。这种导向作用促使教师不断反思自己的教学实践，调整教学策略，以适应新时代教育的需求。

合理的评价结果是对教师工作的肯定与认可。当教师看到自己的努力得到认可时，会产生强烈的成就感和归属感，从而激发他们继续追求卓越的热情。同时，评价结果中的不足之处也能成为教师自我提升的契机，促使他们不断挑战自我，实现专业成长。

通过定期的教育评价，教师可以获得关于自己教学实践的反馈，包括优点和不足。这些反馈是教师改进工作的宝贵资源。教师可以根据评价结果，制订针对性的改进计划，调整教学策略，提升教学质量。

2. 完善教师考核

传统的教师考核方式往往过于单一，主要依赖学生的考试成绩来评价教师的工作表现。这种考核方式存在重结果、轻过程的误区，难以全面、准确地反映教师的工作全貌。而完善的教育评价标准下的教师评价体系，则能够多方位考核教师工作，为优化学校教师考核制度提供有力支持。

除了教学能力外，教师的职业道德、教育理念、心理素质等也是评价的重要内容。这些指标有助于全面考查教师的综合素质，确保教师队伍的整体水平。

根据教师的岗位职责，制定具体的评价指标。这包括教学计划的制定与执行、学生管理的有效性、家校沟通的质量等。这些指标能够反映教师在日常工作中的表现，为教师的职业发展提供依据。

虽然学生的考试成绩仍然是评价教师工作效果的重要参考，但在完善的教育评价体系中，它不再是唯一的标准。学生的学习态度、创新能力、综合素质等方面的提升也应纳入考核范围。这种多元化的绩效评价指标能够更全面地反映教师的教学成果。

通过完善的教育评价标准，学校可以实现对教师队伍的科学管理，调动教师的工作积极性，提升整体教学质量。同时，这种评价体系也为教师的职业发展提供了清晰的路径和明确的导向，有助于形成一支高素质、专业化的教师队伍。

(二) 对学生的重要性

在当今多元化发展的社会环境中，学校教育不仅仅是知识的传授，更是学生全面发展的重要基石。学校教育评价标准作为衡量学生成长与进步的重要工具，其重要性不言而喻。它不仅关乎学生个人能力的提升，更直接影响到学生道德品质、综合素质及身心健康的全面发展。一个科学、全面的教育评价体系，能够从多个维度准确反映学生的真实状况，为他们的未来发展奠定坚实的基础。

1. 道德品质评价

道德品质是教育的灵魂，是学生成为有用之才的前提。学校教育评价标准在道德品质方面，应聚焦于人性本质的考核，即学生如何学会做人、做事、合作与学习。这要求学校通过行为品行教育，引导学生树立正确的价值观、道德观，培养他们诚实守信、尊重他人、勇于担当等优秀品质。通过日常行为观察、同伴评价、师生交流等多种方式，形成对学生道德品质的全面评价，确保教育的育人目的得以落实。这样的评价体系，不仅能够促进学生个人品德的提升，还能在集体中营造积极向上的氛围，促进整个校园文化的健康发展。

2. 综合素质评价

综合素质评价是衡量学生全面发展水平的关键。学校应根据教学常规要求，采用多样化、开放式的评价方法，如项目式学习、社会实践、艺术创作等，以全面了解学生的优点和发展需求。这种评价方式打破了传统单一考试的局限，鼓励学生探索自我、展现特长，同时帮助教师识别并激发学生的潜能。通过综合素质评价，学校能够为学生提供个性化的成长路径，促进他们在知识、技能、情感态度等多个方面的均衡发展，为未来的学习与生活打下坚实基础。

3. 身心健康发展评价

身心健康是学生成长的基石。传统的以成绩为唯一评价标准的做法，往往忽视了学生生理和心理素质的发展。现代教育评价体系改革，强调身心健康的重要性，通过改革考核制度，引入体质测试、心理健康筛查、情绪管理教育等措施，全方位关注学生的身心状态。这种评价方式不仅关注学生的身体健康，更重视其心理韧性的培养，通过正面激励，引导学生形成积极乐观的心态，增强应对挑战的能力。同时，它还能有效调动学生学习的主动性和创造性，使学生在一个更加宽松、支持的环境中健康成长。

(三) 对学校管理的重要性

在当今教育日新月异的时代，学校教育评价标准不仅是衡量学校办学质量的重要标尺，更是推动学校管理优化与创新的关键力量。教育评价作为学校教育管理不可或缺的一环，其科学性和有效性直接关系到学校教育目标的实现及整体教育质量的提升。

1. 提高教育质量和办学效益

教育评价是连接教育理论与实践的桥梁，是实现学校教育目标的重要手段。通过构建具有针对性、科学性的教育教学评价制度，学校能够深入研究并探讨适合本校特色的教育督导和评估体系，进而推动教育模式的创新与管理机制的优化。这一过程中，教育评价不仅关注学生的学习成果，还涵盖教师的教学效能、课程设置的合理性、教育资源的配置效率等多个维度，确保评价的全面性和客观性。

具体而言，科学合理的评价标准能够引导教师采用更加高效的教学方法，激发学生的学习兴趣和潜能，进而促进学生全面发展。同时，评价制度还能有效监测教育资源的利用情况，帮助学校合理分配资源，减少浪费，提高办学效益。此外，通过定期的自我评价与外部评估相结合，学校可以及时发现并解决教育教学中的问题，不断调整和完善教学策略，从而形成一个持续改进的良性循环，大力提升学校的整体教育质量。

2. 支持自我评价与提升

学校作为教育活动的主体，其自我反思与自我提升的能力是实现持续发展的关键。教育评价标准为学校提供了一个自我审视的框架，使学校能够基于实际情况，客观分析自身教育政策的实施效果，这与内部评价的目标高度契合。通过对照评价标准，学校可以清晰地认识到自身的优势与不足，明确改进的方向和重点。

值得注意的是，除了学校内部的自我评价外，国家层面制定的外部评价标准同样具有重要意义。这些标准往往基于广泛的教育实践和研究，具有较高的权威性和指导性。学校将外部评价标准融入内部评价体系，不仅可以获得更为全面和客观的评价视角，还能借鉴其他学校的成功经验，避免重复错误，加速自身的改进进程。

更重要的是，这种内外结合的评价机制能够激发学校的内在动力，促使学校主动寻求创新，不断优化教育教学管理，提升整体办学水平。在追求卓越的道路上，学校不再是孤立无援的个体，而是成为一个不断学习、不断成长的有机体。

三、学校教育评价标准的结构分析

(一) 效能标准

效能标准作为评价学校教育质量的核心组成部分，主要包括效果标准和效率标准两大方面，二者相辅相成，共同推动着教育质量的持续提升。

1. 效果标准

效果标准关注的是学校教育活动最终达成目标的程度，是衡量教育质量最直接、最关键的指标。它侧重于以下几个方面：

(1) 学习成果

学习成果是衡量学校教育效果最直接、最重要的指标之一。它不仅关注学生对学科知识的掌握程度，即基础理论知识、专业知识的积累和深化，还着重考查学生技能的提升，包括批判性思维、问题解决、团队合作、信息检索与分析等关键能力的发展。此外，情感态度与价值观的培养同样不可或缺，它关乎学生的品德修养、社会责任感、文化自信及积极向上的生活态度。这一维度的评价标准要求学校教育在传授知识的同时，更加注重学生综合素质的提升，通过情境教学、项目式学习、社会实践等多种教学手段，激发学生的内在潜能，促进其全面发展。

(2) 学生满意度

学生满意度调查作为教育效果评价的重要一环，旨在从受教育者的角度出发，评估教学内容、教学方法、师生关系等方面的质量和效果。学生的反馈能够直接反映教育过程是否贴近学生需求，是否有效激发了学生的学习兴趣和积极性。通过定期的满意度调查，学校可以及时发现并解决教学过程中的问题，如课程内容陈旧、教学方法单一、师生互动不足等，从而不断优化教育资源配置，提升教学质量。这一标准强调了以学生为中心的教育理念，鼓励学校构建开放、包容的学习环境，增强学生的参与感和归属感。

（3）社会适应性

社会适应性是衡量学校教育效果的长远指标，它关注的是毕业生能否顺利融入社会，满足就业市场的需求，以及在社会生活中的整体表现。这要求学校教育必须紧密联系实际，不仅教授理论知识，更要注重培养学生的实践能力和创新能力，使其具备解决实际问题的能力，能够快速适应不断变化的社会环境。通过校企合作、实习实训、创新创业项目等多种形式，学校可以为学生提供更多实践机会，增强其职业竞争力。同时，社会适应性的评价还需关注毕业生的社会责任感和公民意识，鼓励他们在职业生涯中贡献社会，实现个人价值与社会价值的和谐统一。

2. 效率标准

效率标准则侧重于教育资源的使用效率，即在有限的资源条件下，学校教育能否以最小的投入获得最大的产出。它主要包括：

（1）教育资源利用率

教育资源利用率是衡量学校教育效率的首要指标，它涵盖了师资力量、教学设施、图书资料等关键资源的有效配置和利用情况。高效利用资源，减少浪费，是提高教育效率的基础。

①师资力量。优秀的教师是教育质量的保障。学校应建立科学合理的教师选拔、培训和考核机制，确保每位教师都能发挥其专业优势，为学生提供高质量的教学服务。同时，通过团队协作和资源共享，提升整体教学水平。

②教学设施。现代化的教学设施是提高教学效率的重要工具。学校应合理规划教室布局，配备先进的教学设备，如智能黑板、多媒体系统等，以支持多样化的教学活动。此外，定期对设施进行维护和更新，确保其始终处于良好状态。

③图书资料。丰富的图书资料是学生学习和研究的宝贵资源。学校应建设完善的图书馆体系，提供广泛的纸质和电子图书资源，以及便捷的检索服务。同时，鼓励学生利用图书资源，培养他们的自主学习和研究能力。

（2）教学流程优化

教学流程优化是提高学校教育效率的关键环节。通过科学的教学设计和管理，缩短无效教学时间，提高单位时间内的学习成效，这要求教育者不断探索和实践高效的教学模式和方法。

①教学设计。教师应根据学生的学习特点和需求，制定明确的教学目标，设计合理的教学内容和活动。通过分层教学、个性化辅导等方式，满足不同学生的学习需求，提高教学效果。

②教学方法。采用启发式、探究式等现代教学方法，激发学生的学习兴趣和主动性。通过小组讨论、案例分析、项目式学习等互动方式，促进学生的知识建构和能力发展。

③教学管理。建立科学的教学管理制度，确保教学活动的有序进行。通过课程安排、进度监控、质量评估等手段，及时调整教学策略，优化教学流程。

（3）成本效益分析

成本效益分析是学校教育评价中不可或缺的一环。通过对学校教育投入与产出进行量化分析，评估教育投资的经济和社会效益，合理的成本效益比是实现教育可持续发展的关键。

①经济效益。学校应关注教育投入的经济效益，通过优化资源配置、提高教学效率等方式，降低教育成本。同时，积极寻求外部资金支持，拓宽教育融资渠道，确保教育事业的稳健发展。

②社会效益。教育投资的社会效益更为深远。学校应关注毕业生的就业情况、社会贡献度等指标，评估教育成果对社会发展的推动作用。通过加强校企合作、产学研结合等方式，提高教育的社会适应性和影响力。

3. 效能标准的综合运用

效果标准和效率标准不是孤立存在的，它们相互依存，共同构成了学校教育评价标准的完整框架。一方面，追求高效的教学流程和资源利用，可以为提高教育质量提供有力支撑；另一方面，良好的教育效果又是优化资源配置、提升教学效率的出发点和归宿。因此，在实际操作中，应综合考虑二者，既要注重教育质量的提升，又要兼顾资源使用的经济性，实现教育效能的最大化。

总之，构建科学、全面的学校教育评价标准，是实现教育现代化、提升教育质量的必然要求。通过效能标准中的效果与效率双重考量，可以有效促进学校教育的自我反思与持续改进，为培养更多符合时代需求的高素质人才奠定坚实基础。

（二）职责标准

职责标准是指在学校教育活动中，对不同角色（如教育者、学习者、管理者等）所应承担的职责、任务及行为规范的明确规定。它不仅是教育活动的行为指南，也是评价教育质量的重要标尺。通过设定明确的职责标准，可以确保教育活动的有序进行，促进教育资源的合理配置，提升教育教学的效率与质量，最终实现教育目标。

职责标准的构成要素如下：

第一，教育者职责。教育者包括教师及教学辅助人员，其职责标准主要围绕教学能力、师德师风、学生指导、专业发展等方面展开。例如，要求教师具备扎实的专业知识，能够采用多样化的教学方法激发学生学习兴趣；强调教师应具备良好的职业道德，尊重学生个体差异，公平公正对待每一位学生；同时，鼓励教师参与继续教育，不断提升自身专业素养。

第二，学习者职责。学习者即学生，其职责标准侧重于学习态度、学习方法、自我管理等方面。这要求学生应积极主动参与学习活动，培养批判性思维和解决问题的能力；掌握有效的学习策略，合理安排学习时间；学会自我反思，培养良好的学习习惯和责任感。

第三，管理者职责。学校管理层包括校长、教务主任等，其职责标准聚焦于战略规划、资源管理、教学质量监控等方面。管理者需制定并执行学校发展规划，确保教育资源的有效配置；建立健全教学管理制度，监督教学质量，为教师提供专业发展支持；同时，加强家校合作，营造良好的教育环境。

例如，在评价教师的教学工作时，第一，看备课质量。在备课质量方面主要看：对大纲钻研得是否深入；对学生情况了解得是否清楚，对教材的重点是否明确，教学方法是否进行了精心设计，教学结构安排得是否合理，教案的详略是否得当。第二，看讲课质量。在讲课质量方面主要看：目的是否明确，讲授内容的科学性，思想性如何，重点是否突出，教学结构是否严密，方法是否灵活，语言的准确性、鲜明性、生动性以及板书的工整性和条理性如何，是否注意学生在课堂上的语言、思维和情绪。第三，看作业分量是否适当，作业内容是否切合教材要求，作业的批改是否及时、认真、准确，作业批改之后是否有讲评，讲课是否注意实效。第四，看课后辅导。在这方面主要看：是否对好、中、差三类学生都进行辅导，对学生辅导是否经常，是否耐心。第五，看考试考查工作。在这方面主要看：命题时是否严肃认真，题目的难易程度是否适当，分布是否合理，评分标准是否正确，考试之后是否进行了认真总结。又如，在评价校长工作时，应注意考查贯彻执行党的教育方针，执行上级党委和教育行政部门的决议情况如何；负责领导和组织学校的教学工作和思想政治教育工作情况如何；领导、组织教职工的政治文化、业务学习情况如何；学校里勤工俭学活动的组织管理情况如何；对教师、学生和职工的生活是否关心，对于他们的健康是否注意；对于教学条件是否努力去改善；对于学校的校舍设备和经费是否精心管理。这类标准都是职责标准。

(三) 素质标准

素质标准是从个体承担各种社会职责或完成多样化任务所应具备的基本条件和能力出发，制定的一系列评价准则。它超越了传统以知识掌握程度为核心的评价模式，更加注重学生的综合素质、创新能力、情感态度与价值观的培养。素质标准强调的是"全人教育"，旨在通过教育过程，使学生具备适应未来社会变化、解决实际问题的能力，以及良好的道德品质和社会责任感。素质标准主要包括教师素质和学生素质两大方面，它们共同构成了学校教育评价标准的重要基石。

1. 教师素质

教师，作为这一过程中的核心角色——知识的传授者、价值观的塑造者及学生心灵的引路人，其素质无疑是决定教育质量的关键因素。因此，构建全面、科学的教师素质评价标准，对于提升整体教育水平至关重要。以下是从四个方面探讨教师素质评价标准的构成：

(1) 专业知识与技能

专业知识与技能是教师职业发展的基石。这要求教师不仅要掌握所教学科的前沿理论与研究动态，还应具备将复杂知识简单化、生动化的能力，以适应不同学生的学习需求。评价标准应包括教师对学科内容的深入理解程度、教学方法的创新性与适用性，利用现代技术工具（如多媒体教学、在线教育资源) 辅助教学的能力。此外，良好的语言表达能力与逻辑思维能力也是确保知识有效传递的重要方面。

(2) 教育教学能力

教育教学能力是指教师在实际教学过程中，根据学生的个体差异，灵活运用教学策略，激发学生学习兴趣，促进学生全面发展的能力。这包括课程设计的能力，即如何设定合理的教学目标、选择恰当的教学内容与活动；课堂管理的能力，如维持良好的课堂秩序、鼓励学生积极参与；评价反馈的能力，即能够准确评估学生的学习成效，给予及时、具体且建设性的反馈。优秀的教师应能够创造一个既严谨又充满活力的学习环境，使每位学生都能在其中找到成长的土壤。

(3) 职业道德与责任感

教师的职业道德与责任感是其职业精神的体现，也是影响学生品格形成的重要因素。这要求教师具备高尚的职业操守，如尊重学生、公平公正对待每一位学生、维护学术诚信等。同时，强烈的责任感促使教师不仅要关注学生的学业成绩，更要重视其身心健康与全面发展，愿意为学生的成长付出额外的时间与精力。评价时应考查教师是否践行师德规范，能否成为学生效仿的榜样，以及在面对困难与挑战时表现出的坚韧与担当。

(4) 持续学习与自我提升

在知识爆炸的时代，教师作为知识的传播者，更应成为终身学习的践行者。持续学习与自我提升的能力，意味着教师能够主动寻求新知，不断更新教育理念与方法，以适应时代发展的需要。这包括参加专业培训、阅读教育理论书籍、参与学术研讨等。评价教师此方面的素质，不仅要看其是否积极参与学习机会，更要评估这些学习活动如何转化为实际教学效果的提升，以及对学生学习体验与成果的积极影响。

2. 学生素质

学生素质作为教育的对象和主体，其发展状况是衡量学校教育质量的核心指标。学生素质的评价标准并非单一维度，而是多维度、综合性的考量，涵盖了知识掌握与学习能力、道德品质与社会责任感、创新思维与实践能力、身心健康与审美情趣等多个方面。以下是对这些方面的深入探讨。

（1）知识掌握与学习能力

知识掌握与学习能力是学生素质评价的基础。它主要体现在学生对学科知识的掌握程度、学习方法的掌握及自主学习的能力上。学校教育应确保学生能够系统地掌握各学科的基础知识，形成扎实的知识体系。同时，培养学生的学习策略，如信息筛选、问题解决、批判性思维等，使他们能够高效地学习新知识，适应未来社会的快速变化。这一标准的评价，可以通过考试、作业、课堂表现及学习日志等多种形式进行。

（2）道德品质与社会责任感

道德品质与社会责任感是衡量学生全面发展不可或缺的一环。它关乎学生的道德认知、道德情感、道德行为以及对社会、国家的责任感。学校应重视学生的品德教育，通过课堂教学、校园文化、社会实践等多种途径，引导学生树立正确的世界观、人生观、价值观，培养学生的同情心、正义感、诚信意识以及为国家、社会服务的意识。这一标准的评价，往往需要结合学生日常行为表现、同伴评价、教师观察及社会实践活动的参与度与效果进行综合考量。

（3）创新思维与实践能力

创新思维与实践能力是21世纪人才的核心竞争力。它要求学生具备独立思考、勇于探索、敢于创新的精神，以及将理论知识应用于解决实际问题的能力。学校应鼓励学生参与科研项目、创新实验、社会实践等活动，提供多样化的学习资源和实践平台，激发学生的创新思维，培养其动手能力和团队合作精神。这一标准的评价，可以通过项目报告、创新成果展示、实践活动反馈等方式进行。

（4）身心健康与审美情趣

身心健康与审美情趣是学生全面发展的重要组成部分。身心健康关乎学生的生理健康、心理健康及良好的生活习惯；审美情趣则体现在学生对美的感知、欣赏和创造能力上。学校应重视学生的体育锻炼，开展心理健康教育，引导学生形成积极向上的生活态度。同时，通过艺术教育、文化活动等，提升学生的审美素养，培养其创造美、享受美的能力。这一标准的评价，可以通过体检结果、心理健康测试、体育活动参与度、艺术作品创作及文化活动表现等进行综合评估。

第二节　学校教育评价工具

一、教育评价工具的定义

在教育领域中，教育评价是一个至关重要的环节，它关乎学生学习成效的衡量、教学质量的提升及教育资源的优化配置。教育评价工具作为这一过程中的核心要素，扮演着举足轻重的角色。教育评价工具是指在对评价对象（如学生、教师、教材等）进行测定时所采用的方式和手段，它们旨在通过科学、客观的方法收集和分析数据，从而为教育者提供决策支持。教育评价工具不仅限于传统的考试和测验，而是涵盖了更为广泛的方法和手段。它们的设计基于明确的教育目标，旨在全面、准确地反映评价对象的实际情况。通过这些工具，教育者能够深入了解学生的学习进度、掌握程度、学习态度及创新能力；同时，也能评估教学方法的有效性、课程内容的适宜性及教育资源的利用效率。

二、常用教育评价工具类型

（一）传统的论文考试

传统的论文考试作为历史最悠久的评价工具之一，通过书面形式的测试来评估学生的知识水平和思维能力。这种考试形式要求学生就某一主题或问题进行深入探讨，展现其分析、综合、批判等高级思维能力。传统论文考试的优势在于能够较为全面地考查学生的语言表达能力、逻辑思维能力和对知识的深度理解。然而，它也存在着主观性强、评分标准难以统一、批改工作量大等局限性，可能影响评价的准确性和公平性。

（二）改良的论文考试

针对传统论文考试的不足，改良的论文考试应运而生。这种考试形式在传统基础上进行了优化，旨在提高评价的准确性和有效性。例如，通过明确评分标准、增加开放性问题的多样性、引入同行评审或盲审机制等措施，减少评分的主观性，确保评价更加客观公正。同时，部分改良的论文考试还结合了在线提交和自动评分系统，利用技术手段提高批改效率和准确性。改良的论文考试在保留传统考试深度与广度的同时，更加注重评价的标准化和可操作性。

(三) 标准化考试

标准化考试是另一种广泛使用的评价工具，其特点在于采用统一的试题和标准化的评分方法，确保评价的公平性和可比性。这类考试通常由专业机构设计，内容覆盖广泛，题型多样，旨在全面、快速地评估学生的基本知识和技能水平。标准化考试通过预设的答案和评分标准，极大地减少了人为因素的影响，使得不同时间、地点的考试成绩具有高度的可比性。然而，标准化考试也可能因过于强调知识点的记忆和应试技巧，而忽视了对学生创新思维和实际问题解决能力的考查。

(四) 教师自制的客观测验

教师自制的客观测验是教师根据教学内容和要求自行设计的测验，侧重于考查学生的特定知识和技能。这类测验通常以选择题、填空题、判断题等形式出现，便于快速批改和统计分数。教师自制的客观测验具有灵活性高、针对性强、反馈及时等优点，能够有效地检测学生对特定知识点的掌握情况。此外，通过调整试题难度和覆盖范围，教师还可以根据学生的实际情况进行个性化教学调整。然而，过度依赖客观测验也可能导致学生死记硬背，忽视对知识的深入理解和应用能力的培养。

(五) 问题情境测验

问题情境测验是一种通过设计具体、贴近实际的问题情境来评估学生问题解决能力的评价工具。这种测验不仅考查学生对知识点的掌握程度，更重要的是检验他们能否将所学知识灵活应用于解决实际问题中。例如，在数学课上，可以设计一个与日常生活相关的应用题，要求学生计算家庭预算或制订旅行计划，以此评估他们的数学运算能力和逻辑思维能力。问题情境测验能够有效激发学生的思考，促进知识迁移，同时也为教师提供了了解学生解决问题能力的直接证据。

（六）行动观察记录

行动观察记录是通过直接观察和记录学生在真实或模拟环境中的行为表现来评估其综合能力的一种方法。这种方法强调在"做中学"，关注学生在解决问题、团队合作、情绪管理等方面的实际表现。比如，在科学实验中，教师可以观察学生如何操作仪器、记录数据、分析结果，以及面对失败时的态度调整。行动观察记录不仅能够捕捉到学生的即时反应，还能通过长时间的跟踪记录，揭示学生的成长轨迹和学习风格，为个性化教学提供依据。

（七）自我诊断测验

自我诊断测验是一种鼓励学生根据自己的学习情况进行自我评估的工具。它通常包括一系列针对特定知识点或技能的问题，要求学生判断自己的掌握程度，并反思学习过程中的强项与弱点。这种测验的价值在于促进学生自我意识的觉醒，使他们成为自己学习过程的主导者。通过自我诊断，学生可以识别出需要加强的领域，制订个性化的学习计划，从而在实践中不断提升。

（八）问卷法

问卷法是通过设计问卷来收集学生关于学习态度、兴趣、习惯等方面反馈的一种评价手段。问卷可以包含封闭式选择题，也可以是开放式问题，旨在全面了解学生的学习心理和学习环境。通过问卷调查，教师可以获得关于学生学习动机、偏好、遇到困难时的应对策略等宝贵信息，这对于调整教学策略、优化学习环境至关重要。此外，问卷还能为教育研究提供数据支持，帮助教育者更好地理解学生群体的学习特征。

（九）谈话法

谈话法作为一种直接而灵活的评价方式，通过与学生进行面对面的交流，能够深入了解他们的学习进展、理解程度及心理状态。这种方法强调对话的双向性，鼓励学生表达自己的观点、疑惑和感受，教师则通过倾听、提问和反馈，捕捉学生言语背后的思维过程和学习态度。谈话法不仅能帮助教师及时发现学生的学习障碍，还能增强学生的自信心，促进师生间的情感连接。此外，它还能为教师提供关于学生个性、兴趣及学习风格的宝贵信息，为个性化教学提供依据。

(十) 创作与作品分析

创作与作品分析，是评估学生创造力、批判性思维和表达能力的重要手段。无论是文学作品、艺术作品、科学项目还是设计方案，学生的作品都是其思想、情感和技能的直观体现。通过分析作品的创意性、逻辑性、技术运用及表现力，教师可以评估学生的综合能力和发展潜力。这种方法鼓励学生跳出框架，勇于尝试和创新，同时也促使教师关注学生的个体差异，给予针对性的指导和反馈，进一步激发学生的创作热情。

(十一) 实验报告与研究报告分析

实验报告与研究报告作为评估学生实践能力和研究能力的关键工具，要求学生将理论知识应用于实际操作中，通过数据分析、实验设计或文献综述，展现其解决问题的能力、科学方法和研究素养。这类评价不仅关注学生的实验结果或研究结论，更重视其过程中的思考路径、实验设计的合理性及数据分析的准确性。通过分析报告，教师可以了解学生在科学研究、实验操作方面的掌握情况，同时鼓励学生培养严谨的科学态度、批判性思维和持续学习的习惯。

(十二) 个案研究

个案研究是一种针对个别学生进行的深入探索，旨在通过详细收集和分析学生的背景信息、学习历程、行为表现及心理特征，来全面理解其学习状况和心理状态。这种方法强调个体差异的尊重，为教师提供了深入了解学生、制定个性化教学策略的契机。通过个案研究，教师可以识别学生的学习障碍、兴趣点及潜在优势，从而提供更加精准的教学支持和心理辅导，促进学生的全面发展。

三、教育评价工具的特点

(一) 标准化的教育评价工具

评价是教育领域不可或缺的一环，它不仅关乎学生的学习成效，也影响着教育政策的制定与教学方法的改进。在众多评价工具中，标准化教育评价工具以其独特的优势，在教育实践中扮演着至关重要的角色。

1. 标准化教育评价工具的特点

在当今教育领域，随着教育理念的不断进步和教学方法的持续革新，教育评价作为衡量学生学习成效和教师教学质量的重要手段，其科学性和公正性愈发受到重视。标准化教育评价工具作为教育评价体系中的重要组成部分，其核心在于"标准化"这一特性，旨在通过一系列精心设计的评价流程，确保评价结果的客观、公平与准确。标准化教育评价工具的特点主要体现在以下几个方面：

(1) 命题标准化

命题标准化是标准化教育评价工具的基础。试题的内容、难度和范围均需经过教育专家的精心设计，以确保所有考生面对的是同一水平的挑战。这一过程不仅要求试题能够全面覆盖学科知识点，还需兼顾不同学习层次的学生，力求难度适中，既不过于简单以致无法区分能力差异，也不过于复杂导致学生普遍失分。通过这样的设计，可以最大限度地减少因试题本身差异带来的评价不公，确保每位学生都能在相对公平的环境中展示自己的真实水平。

(2) 题型标准化

题型标准化是标准化教育评价工具的另一重要特征。通过采用统一的题型结构，如选择题、填空题、简答题等，可以极大地简化评分流程，便于制定和实施统一的评分标准。每种题型都有其特定的作答要求和评分细则，这不仅使得评分过程更加客观、明确，也便于教师快速、准确地给出分数，提高了评价效率。同时，题型标准化还促进了教学内容与考试形式的衔接，有助于学生更好地适应考试模式，提升应试能力。

(3) 评分标准化

评分标准化是确保评价结果客观、一致的关键。对于每一种题型，标准化教育评价工具都会设定明确的评分标准，这些标准详细规定了不同答案的得分点、扣分依据及特殊情况的处理方式。这样的设置有效减少了评分过程中主观判断带来的误差，使得评价更加公平、透明。教师依据这些标准进行评分，不仅能保证分数的准确性，还能增进学生对评价结果的信任感，促进积极的学习氛围。

(4) 计分标准化

计分标准化是标准化教育评价工具的最终呈现形式。通过采用统一的成绩计算方式，如百分制、等级制等，可以方便地对学生成绩进行横向比较和纵向追踪。横向比较有助于识别学生在同龄人中的相对位置，为教育决策提供依据；纵向追踪则能清晰展示学生个体的学习进步轨迹，为个性化教学提供数据支持。计分标准化还便于建立学生成长档案，为学生的升学、就业及终身学习提供参考。

2. 设计与实施规范

标准化评价工具是衡量学生学习成效、教学质量及教育政策实施效果的重要手段。为了确保这些评价工具的客观性和公正性，其设计与实施必须遵循一系列严格的规范和程序。

(1) 专家团队参与

标准化教育评价工具的设计首先依赖于一个多元化的专家团队。这个团队应由教育专家、心理学家、学科教师及方法论学者等组成，他们各自的专业知识能够确保评价内容的科学性、针对性和实用性。教育专家提供对教育目标和理念的深入理解；心理学家确保评价过程符合学生的心理发展特点，避免给学生带来不必要的压力；学科教师则根据教学实践，提出具体、可操作的评价建议。这样的团队合作，能够最大限度地提升评价工具的有效性和适用性。

(2) 预测试与修订

在大规模应用之前，对评价工具进行预测试是不可或缺的一步。预测试的目的是检验评价内容的合理性、试题的难度分布、区分度及评分标准的一致性。通过收集参与者的反馈，包括学生、教师及家长的意见，可以对试题进行必要的调整和优化，确保评价工具能够准确反映学生的实际能力水平，同时避免偏题、怪题的出现，保证评价的公平性和有效性。这一过程是一个迭代循环，可能需要多次修订，直至达到预定的质量标准。

（3）保密与安全管理

标准化评价的公正性很大程度上依赖于严格的保密与安全管理措施。从试题的编制、印刷、分发到评分，每一个环节都需要建立并执行严格的保密制度。这包括使用加密技术存储试题信息、限制接触试题的人员范围、实施严格的分发与回收流程，以及在必要时采用盲审、匿名评分等方式，确保评价过程中不存在任何形式的泄题或偏见，从而维护评价的公平性和公信力。

（4）持续评估与优化

标准化评价工具的设计与实施不是一次性的任务，而是一个持续改进的过程。定期评估评价工具的使用效果，包括收集数据分析评价结果的信度、效度及影响，是保持评价质量的关键。基于评估结果，可以及时调整评价内容、方法或标准，以适应教育环境的变化和学生需求的发展。此外，鼓励教师、学生及家长等利益相关者的反馈，也是推动评价工具不断优化的重要途径。通过建立一个开放、动态的评估与优化机制，可以确保标准化评价工具始终符合教育的最新理念和要求。

（二）表现性评价工具

评价是衡量学生学习成效、指导教学改进的重要手段。传统评价方式往往侧重于纸笔测试，侧重于学生对知识点的记忆与复述能力，而忽略了对学生实践能力和高级思维技能的评估。随着教育理念的不断进步，一种更加全面、深入的评价方式——表现性评价工具，正逐渐成为教育改革的重要推手。它不仅能够考查学生"知道什么"，更能检验学生"能做什么"，是促进学生综合素养提升的有效途径。

1.表现性评价工具的定义与特点

表现性评价是通过观察学生在完成具体、真实或模拟任务时的表现来评价其学习成果的一种方法。这种评价方式的核心在于"做中学"和"评中学"，强调学生在解决实际问题的过程中展示其知识理解、技能应用、创新思维及问题解决能力。与传统的标准化测试相比，表现性评价具有以下显著特点：

（1）情境真实性

表现性评价的核心在于其情境的真实性。与传统考试侧重于理论知识的记忆与再现不同，表现性评价通过设计贴近现实生活或专业领域的任务，要求学生在接近真实的环境中展示所学。这种评价方式不仅考查了学生的知识掌握程度，更重要的是，它让学生意识到学习的目的不仅仅是为了考试，更是为了在实际生活中应用。例如，在语言教学中，通过模拟国际会议的场景，要求学生进行角色扮演，这不仅能检验他们的语言运用能力，还能锻炼他们的跨文化交流技巧。

（2）过程性评估

过程性评估是表现性评价的另一大亮点。它不仅仅关注任务的最终结果，更重视学生在完成任务过程中的思考、决策、合作等动态表现。这种评估方式要求教师或评价者成为学生的观察者、引导者和反馈提供者，通过记录学生在任务执行过程中的一言一行，了解他们的学习风格、思维方式及解决问题的能力。这种持续的、形成性的反馈，有助于学生及时调整学习策略，促进个人成长。

（3）多维度评价

表现性评价的第三个显著特点是其多维度评价。它打破了单一分数评价的局限，评价内容涵盖了知识掌握、技能操作、情感态度、创新能力等多个维度。这种全方位的评价体系，使得每个学生都能在自己擅长的领域得到认可，同时也促使他们在其他领域不断探索与进步。例如，在艺术项目中，除了评价学生的作品质量，还可以考查他们的创意构思、团队协作能力及面对挑战时的态度，从而更加全面地了解他们的艺术素养。

（4）高级思维技能考查

表现性评价高度重视对学生高级思维技能的考查。它鼓励学生进行批判性思考，创造性地解决问题，并培养分析、综合、评价等高阶思维能力。在这个信息爆炸的时代，这些能力对于个人发展和社会进步至关重要。通过设计具有挑战性的任务，如案例分析、项目策划等，表现性评价不仅检验了学生的知识深度与广度，更重要的是，它激发了学生的潜能，为他们将来面对复杂多变的世界打下了坚实的基础。

2. 表现性评价工具的实施步骤

实施表现性评价通常包括以下几个关键步骤：

（1）明确评价目标

一切评价活动的起点在于明确评价目标。教师需深入研读课程标准，结合具体的教学目标，精准识别出需要评价的知识点、技能领域及期望学生展现的思维方式。这一过程要求教师具备高度的专业素养，能够将抽象的教学目标转化为具体、可操作的评价指标，确保评价内容既符合教育要求，又能有效反映学生的实际水平。

（2）设计表现性任务

表现性任务的设计是表现性评价的核心。任务应具备挑战性，能够激发学生的探索欲望；同时，任务需贴近现实生活或专业实践，确保学生在完成任务的过程中能够运用所学知识解决实际问题，体现知识的应用价值。此外，任务的开放性鼓励学生从不同角度思考，促进创新思维和批判性思维的发展。设计过程中，教师应充分考虑学生的年龄特征、认知水平及兴趣点，确保任务既不过于简单以致缺乏挑战性，也不过于复杂而使学生望而生畏。

（3）制定评价标准

清晰、具体的评价标准是表现性评价公正性的保障。评价标准应涵盖任务完成的所有关键维度，如知识应用的准确性、技能操作的熟练度、问题解决策略的合理性、团队合作能力等，并为每个维度设定明确的评分标准。标准的制定应基于对学生表现的预期，确保评价的一致性和客观性，减少主观判断带来的偏差。

（4）实施任务与观察记录

在任务实施过程中，学生被赋予充分的时间和空间去展示他们的能力和理解。教师或评价者则需全程观察，细致记录学生的表现细节，包括但不限于任务完成的过程、遇到的挑战、解决策略、团队合作情况等。这一过程不仅是对学生能力的直接评估，也是教师了解学生个体差异、调整教学策略的重要依据。

（5）反馈与反思

评价不是终点，而是新学习的起点。基于观察记录的结果，教师应向学生提供具体、建设性的反馈，指出其优点与不足，并给出改进建议。反馈应注重鼓励性，强调学生努力的过程而非仅仅关注结果，以此增强学生的自信心和学习动力。同时，鼓励学生进行自我反思，思考自己在完成任务过程中的思考路径、学习策略的有效性，以及未来如何进一步提升。这种反思能力的培养，是学生终身学习的关键。

3. 表现性评价工具的价值与挑战

表现性评价工具的价值在于其能够更准确地反映学生的综合能力，尤其是高级思维技能和创新能力，有助于培养学生的实践能力和终身学习的习惯。同时，它也为教师提供了深入了解学生学习状态的机会，促进了教学方式的创新与个性化发展。

然而，实施表现性评价也面临一些挑战，如任务设计的复杂性、评价标准的制定难度、评价过程的耗时费力及评价者主观性的影响等。因此，教师需接受专业培训，掌握科学的设计与评价技巧，同时利用现代信息技术手段，如电子档案袋、在线评价系统等，提高评价的效率和准确性。

表现性评价工具作为新时代教育评价体系的重要组成部分，不仅是对学生学习成果的一次全面审视，更是对传统教育模式的一次深刻变革。它鼓励学生从被动接受转向主动探索，从知识记忆转向能力培养，为学生未来的学习与生活奠定坚实的基础。随着教育实践的深入，我们有理由相信，表现性评价将在促进学生全面发展、提升教育质量方面发挥越来越重要的作用。

（三）特定领域的教育评价工具

在当今社会，健康教育已成为学校教育中不可或缺的一部分，它关乎学生的身心健康、生活习惯及未来的社会适应能力。为了有效评估健康教育项目的实施效果，学校需要借助科学、系统的评价工具。在众多评价手段中，问卷以其灵活性、广泛性和易于操作的特点，成为学校健康教育评价中最常用的工具之一。同时，美国"计划"教材评价工具作为一种专注于教材评估和改进的先进方法，也为教育者提供了宝贵的参考。

1. 问卷：健康教育评价的基石

问卷作为数据收集的直接手段，在健康教育评价中扮演着核心角色。它主要用于衡量目标人群（即学生）在知识、态度和行为三个维度上的变化。

（1）知识评价

通过设计包含健康教育关键知识点的选择题或判断题，问卷能够迅速评估学生对健康知识的理解和掌握程度。这种评价方式有助于教育者了解教学内容的覆盖范围和学生的知识缺口，为后续教学提供依据。

（2）态度评价

问卷中的态度题通常采用量表形式，如李克特量表，让学生表达对健康行为、疾病预防等话题的看法和态度。这类问题能够揭示学生对健康教育的认同感和参与度，为教育者调整教学策略、增强教学吸引力提供参考。

（3）行为评价

行为评价是问卷中最具实践意义的部分，通过询问学生在实际生活中采取的健康行为（如饮食习惯、运动频率、睡眠时间等），评估健康教育对学生生活习惯的影响。这类数据直接反映了教育的实际效果，有助于教育者制定更具针对性的干预措施。

设计合理、使用恰当的问卷不仅能确保数据的准确性和有效性，还能激发学生的参与热情，提高评价的接受度。因此，问卷设计需遵循科学原则，确保问题的客观性、相关性和适度性，同时考虑学生的年龄、认知水平和文化背景，以确保评价结果的全面性和代表性。

2. 美国"计划"教材评价工具：教材优化的指南

除了问卷，美国"计划"教材评价工具（以下简称"计划"工具）也是提升健康教育质量的重要工具。该工具旨在通过系统的教材分析，帮助教育者识别学生的学习需求，优化教材内容，提供个性化的教学支持。

（1）需求分析

"计划"工具鼓励教育者首先对学生的背景信息、学习风格、兴趣点进行深入了解，以此为基础确定教学目标和教材内容。这一过程确保了教材的针对性和实用性。

（2）内容评估

通过对教材内容的全面审查，包括信息的准确性、科学性、时效性以及是否符合教育标准，"计划"工具能帮助教育者识别并改进教材中的不足。这有助于提升教学内容的权威性和可信度。

（3）教学策略设计

基于对学生需求和教材内容的分析，"计划"工具进一步指导教育者设计多样化的教学策略和活动，如案例分析、小组讨论、角色扮演等，以激发学生的学习兴趣，促进深度学习。

（4）反馈与迭代

"计划"工具强调持续的教学反馈和教材迭代。通过定期收集学生的反馈意见和学习成效数据，教育者可以不断调整和优化教学策略，确保健康教育项目始终贴合学生的实际需求。

总之，教育评价工具的选择和应用应根据具体的教育目标和情境来确定。合理运用各种评价工具，可以有效提高教育评价的科学性和有效性，促进学生的全面发展。

第三章 学校教育评价方法

第一节 学校教育评价方法评述

一、相对评价法

(一) 定义

相对评价法是指在某一团体中确定一个基准，将团体中的个体与基准进行比较，从而评出其在团体中的相对位置的评价方法。这种评价法不制定外部的客观标准，而是根据群体内部成员的表现和位置来判断每个个体的优劣。它采用标准分数进行评价，通过比较各个评价对象与基准的差距，来区分个体之间的差异，进而排出名次、分出高低。

(二) 优势

1. 适应性强，应用面广

相对评价法是一种基于学生群体内部相对比较的评价方法，它侧重于考查学生在某一群体中的相对位置或排名，而非绝对分数或标准。这一特性使得相对评价法具有极强的适应性，可以广泛应用于不同学科、不同年级乃至不同教育阶段的学生评价中。无论是数学、语文等基础学科，还是音乐、体育等特长领域，相对评价法都能通过比较学生间的表现差异，为教育者提供有价值的反馈信息。此外，它还能适应不同教育环境和文化背景，为多元化教育目标的实现提供有力支持。

2. 发现个体差异，做出客观判断

每个学生都是独一无二的个体，他们在学习能力、兴趣爱好、性格特点等方面存在差异。相对评价法通过比较学生在群体中的相对表现，能够更有效地揭示这些个体差异，帮助教育者识别学生的优势与不足。这种基于比较的评价方式，使得评价结果更加客观、全面，有助于教育者针对每个学生的具体情况制定个性化的教学计划和辅导策略，从而促进每个学生的全面发展。

3. 激发竞争意识，促进相互学习

相对评价法通过排名或等级划分，能够在一定程度上激发学生的竞争意识。在适度的竞争氛围中，学生更容易产生积极向上的学习动力，努力提升自己的学业成绩和技能水平。同时，这种评价方式也鼓励学生之间的相互学习和合作，因为他们在比较中能够认识到他人的长处，进而产生学习的榜样和动力，形成良性互动的学习生态。

4. 降低评价标准的主观性

相对于绝对评价法（如设定固定的及格线或优秀标准），相对评价法更侧重于学生之间的相对表现，从而在一定程度上降低了评价标准的主观性。在绝对评价中，评价标准的设定往往受到教育者个人观念、教学经验等因素的影响，容易产生偏差。而相对评价法则通过群体内部的比较，减少了外部因素对评价结果的干扰，使得评价结果更加客观、公正。当然，这并不意味着相对评价法完全排除了主观性，但在群体内部的相对比较中，其主观性影响相对较小，更能反映学生间的真实差异。

（三）应用场景

1. 学生学业成绩评价

相对评价法广泛应用于学生学业成绩的评价中。通过比较学生在考试中的成绩，可以评出学生的相对排名，了解学生在班级或年级中的位置。这种方法有助于教师了解学生的学习情况，制定针对性的教学策略。

2. 教师教学质量评价

相对评价法也适用于教师教学质量的评价。通过比较不同教师的教学效果，可以评出教师的教学质量优劣，从而激励教师提高教学水平。这种方法有助于学校了解教师的教学情况，为教师的培训和发展提供依据。

3. 学生综合素质评价

在学生的综合素质评价中，相对评价法同样发挥着重要作用。通过比较学生在德、智、体、美等方面的表现，可以评出学生的综合素质优劣，从而为学生提供个性化的教育服务。这种方法有助于学校了解学生的全面发展情况，为学生的成长和发展提供有力支持。

4.学校办学水平评价

相对评价法还可以用于学校办学水平的评价。通过比较不同学校的办学效果，可以评出学校的办学水平优劣，从而为学校的发展和改进提供依据。这种方法有助于教育管理部门了解学校的办学情况，为教育资源的优化配置提供决策支持。

二、绝对评价法

(一) 定义

绝对评价法，又称为标准参照评价，是一种基于预先设定的教育目标或标准来评价学生表现的方法。其核心在于并不关注学生在群体中的相对位置，而是专注于学生是否达到了既定的教育目标或标准。这种方法通过制定明确的学习目标、设计标准化的测试题目和评分细则来实现。绝对评价法在教育实践中扮演着重要的角色，有助于明确教育目标，引导教师和学生向共同的目标努力。

(二) 优势

绝对评价法在教育评价中具有以下几个显著优势：

1.客观性与一致性

绝对评价法的核心在于其评价标准的客观性和评价过程的一致性。这一方法依据事先设定的、具体可量化的标准对学生进行评价，这些标准通常基于学科知识体系、技能要求或教育目标，不受评价者个人主观偏好的影响。这种客观性确保了评价结果的公正性，使得不同评价者在对同一学生或同一群体进行评价时，能够得出较为一致的结果。这种一致性不仅增强了评价的公信力，也为教育决策提供了可靠的数据支持，有助于实现教育资源的公平分配和教育质量的持续提升。

2.明确性

绝对评价法的另一大优势在于其评价标准的明确性。通过设定清晰、具体的评价标准，学生和教师能够清楚地知道学习目标是什么，以及如何达到这些目标。这种明确性不仅有助于激发学生的学习动力，促使他们有针对性地准备和复习，还便于教师根据学生的表现及时调整教学策略，确保教学活动更加精准有效。此外，明确的评价标准还为家长和社会提供了衡量学校教育质量的直观依据，增强了教育的透明度和公众的信任度。

3. 激励作用

绝对评价法的激励作用体现在它能够激发学生的内在学习动力。当学生了解到评价标准并意识到自己的表现将被客观衡量时，他们会更加积极地投入学习中，努力达到甚至超越既定的标准。这种"目标导向"的评价方式，相较于仅仅基于相对排名的评价，更能激发学生的自我挑战精神，促进他们全面发展。同时，通过设定不同层次的达标标准，绝对评价法还能为不同能力水平的学生提供个性化的成长路径，让每个学生都能在适合自己的节奏下取得进步，享受成功的喜悦。

4. 引导性

绝对评价法在教育过程中还扮演着重要的引导角色。它不仅是对学生学习成果的检验，更是对教学内容、方法和策略的一种反馈机制。通过对学生学习成效的评估，教师可以发现教学中的不足和学生的学习难点，从而及时调整教学计划，优化教学方法，确保教学活动更加贴近学生的实际需求。此外，绝对评价法还能引导教育资源向薄弱环节倾斜，如针对普遍存在的知识盲点加强辅导，为优秀学生提供更高级别的挑战任务，从而实现教育资源的有效配置和教育质量的整体提升。

(三) 应用场景

绝对评价法在教育领域有着广泛的应用场景，以下是一些典型的例子：

1. 期末考试

在学校的期末考试中，教师可以使用绝对评价法来判断学生是否掌握了本学期所学的知识点。通过设定及格线或具体的分数要求，教师可以评估学生是否达到了课程标准和教学大纲的要求。

2. 驾照考试

在驾照考试中，绝对评价法被用于评估考生是否具备驾驶能力。通过设定明确的考试标准和要求，如倒车入库、侧方停车等项目的具体操作规范，考官可以客观地评价考生的驾驶水平。

3.课程标准评估

在教育政策的制定和实施过程中，绝对评价法也被用于评估课程标准和教学大纲的达成情况。通过设定具体的目标和标准，教育政策制定者可以客观地评价学生的学习成果和教学质量。

4.教师培训

在教师培训项目中，绝对评价法可以用于评估教师的专业素养和教学能力。通过设定明确的标准和要求，如教学设计、课堂管理等方面的具体要求，培训机构可以客观地评价教师的培训效果和教学质量。

三、个体内差异的评价方法

(一) 定义

个体内差异评价法是一种独特的评价方式，其核心在于以被评价对象自身某一时期的发展水平为基准，来评判其当前的发展状况。该方法既不是在被评价集体以内确立判据，也不是在集体以外确立判据，而是专注于个体自身的变化与进步。通过将被评价者的过去与现在进行纵向对比，或者将其不同方面(如工作、学习、纪律等)进行横向比较，揭示出个体在不同时间或领域内的差异。

具体来说，个体内差异评价有两种方式：纵向评价和横向评价。纵向评价是指将被评价者现在的状况与过去状况进行纵向比较，评定其上升还是下降；横向评价是就被评者的某几个侧面进行横向比较，评定其所长或所短。这种评价方式不仅关注个体的整体表现，更深入地挖掘了个体内部的发展动态和潜在能力。

(二) 优势

个体内差异评价法在教育评价中具有显著的优势，主要体现在以下几个方面：

1. 尊重个体差异

每个学生都是独一无二的个体，他们拥有不同的兴趣、能力、学习风格和速度。个体内差异评价方法的核心在于承认并尊重这种多样性，它不再仅仅依据分数或排名来评判学生的优劣，而是侧重于评估学生在个人基础上的进步和成长。这种方法鼓励教师深入了解每位学生的特点，设计个性化的教学计划和评价标准，确保每个学生都能在适合自己的节奏下发展，享受学习的乐趣。通过这种方式，教育不再是简单的知识灌输，而是成为一种促进个体潜能挖掘和个性绽放的过程。

2. 提供全面的发展信息

传统的教育评价体系往往侧重于学术成绩，忽视了学生在情感、社交、体能、艺术等多方面的成长。个体内差异评价方法则强调多维度评价，通过建立全面的学生档案，记录学生在各个领域内的表现与进步，为教育者、学生及家长提供了一幅更加丰富、立体的学生发展图景。这种评价方式不仅关注学生的知识掌握情况，还重视其批判性思维、团队合作、创新能力、情绪管理等 21 世纪核心素养的培养，从而引导学生全面发展，为未来的社会和生活做好准备。

3. 激发学习积极性和创新能力

当教育评价不再单一地聚焦于分数高低，而是关注个体成长和进步时，学生能够从"被评价"的被动角色转变为"自我评估"的主动参与者。个体内差异评价方法鼓励学生设定个人目标，通过自我反思和同伴互评，认识到自己的强项与待改进之处，进而激发其内在的学习动力。在这种正面激励的环境中，学生更愿意尝试新事物，勇于面对挑战，不断探索未知领域，从而有效促进创新能力的培养。此外，该方法还鼓励学生根据自己的兴趣和优势进行深度学习，为终身学习打下坚实的基础。

(三) 应用场景

个体内差异评价法在多个领域都有广泛的应用，特别是在教育领域，其应用场景主要包括以下几个方面：

1. 课堂教学

教师可以通过观察学生的课堂表现、作业完成情况及测试成绩等多方面信息，来评价学生的学习进度和成长情况。教师根据评价结果可以调整教学计划和辅导策略，实现因材施教。

2. 学生自评和互评

鼓励学生进行自我评价和同伴评价，可以让他们更加全面地了解自己的学习状况。这种评价方式能够增强学生的自主学习能力和团队合作精神，促进他们共同进步。

3. 家校合作

学校可以通过定期召开家长会等方式，向家长展示学生的学习成果和成长轨迹。这有助于增强家校之间的沟通和合作，共同促进学生的全面发展。

4. 教育管理和研究

个体内差异评价法还可以用于教育管理和研究中，帮助教育管理者和教师更好地了解学生的学习情况和成长规律，为制定教育政策和改进教学方法提供依据。

四、数量化方法

(一) 定义

数量化方法是指在教育评价过程中运用数学方法来描述、分析和呈现教育现象。数量化方法有多种表现形式，包括用分数表述考试结果、利用指数法评估智力水平、通过累积分数法综合评价学生表现等。这些方法通过具体的数学工具，如统计、指数、比率等，将教育现象转化为可度量的指标，使得教育评价更加客观和精确。

(二) 优势

1. 提高评价的客观性

数量化方法通过具体的数学指标来呈现教育现象，减少了主观因素的影响，提高了评价的客观性。例如，通过计算平均分、标准差等指标，可以直观地了解学生的学习水平，避免了单一主观判断带来的误差。

2. 提升评价效率

数字化评价工具可以自动化评分和快速反馈，大大提高了评价效率。教师可以迅速获得学生的测试结果，及时发现问题并进行针对性的指导，有助于提升教学质量。

3. 促进个性化评价

数量化方法可以根据不同学生的学习水平、兴趣爱好等个体差异进行个性化评价。通过收集和分析学生的学习数据，教师可以为每个学生提供定制化的学习建议，帮助学生更好地发展。

4. 支持科学决策

数量化方法提供了大量的数据支持，有助于教育管理者进行科学的决策。通过对教育数据的分析，可以了解教育资源的配置情况、教学方法的有效性等，为教育政策的制定和优化提供依据。

(三) 应用场景

1. 学生学业成绩评估

数量化方法在学生学业成绩评估方面发挥着关键作用。通过统计和分析学生的考试得分、作业完成情况等数据，可以直观地了解学生对知识的掌握程度，及时发现学生的学习问题，为教学调整提供依据。

2. 教学过程监测

数量化方法还可以用于监测教学过程的有效性。例如，通过记录教师的授课时间、学生的参与度、课堂提问的次数和回答情况等数据，可以评估教学方法的适用性，帮助教师调整教学策略，优化教学过程。

3. 学生综合素质评价

除了学业成绩，数量化方法还可以用于评价学生的综合素质。通过记录学生参加课外活动的次数、担任班干部的经历、获得的奖项等数据，可以为评价学生的领导力、团队合作能力、创新能力等提供依据，有助于全面了解学生的发展状况。

4. 教育资源评估

数量化方法还可以用于评估教育资源的配置情况。通过统计学校的师资数量、学历结构、教学设备的数量和使用频率等数据，可以分析教育资源是否充足、分配是否合理，为教育政策的制定和资源的合理分配提供参考。

5.教育政策效果评估

数量化方法在评估教育政策的效果方面也具有重要意义。通过收集政策实施前后的相关数据，如学生的入学率、毕业率、就业情况等，可以判断教育政策是否达到了预期目标，为政策的调整和优化提供依据。

五、非数量化方法

(一) 定义

非数量化评价法是对事物发展过程和结果从性质的角度进行描述、分析，并做出定性结论评价的方法。这种评价法侧重于事物的质的方面，主要依靠人们的认识、经验和主观判断，而非依赖具体的数量或数据。它是对传统量化评价法的一种补充，旨在更全面、深入地反映事物的本质。非数量化评价法通常包括等级评价法和评语法，前者通过划分不同的等级来评价，后者则通过简明扼要的评语来表述评估结果。

(二) 优势

1.抓住本质

非数量化评价法能够捕捉和描述那些难以用数字表达的教育成果，如学生的创造力、解决问题的能力、社交情感发展等。它更侧重于对事物内在性质和特点的理解，有助于更全面地评价学生的综合素质。

2.灵活性

非数量化评价法不受固定指标的限制，能够根据实际情况灵活调整评价标准和方法。这使得它更适合于评价那些具有复杂性和多样性的教育现象。

3.激励创新

通过非数量化评价，教师可以更深入地了解学生的个体差异和需求，从而调整教学策略，激励学生的个性化发展。同时，它也有助于激发教育实践的创新和改进。

(三) 应用场景

1.学前教育

在学前教育中，非数量化评价法被广泛应用。学前教育的目标不仅仅是传授知识，更重要的是促进儿童的综合发展。因此，评价需要关注儿童的整体成长，包括社交情感发展、创造力和问题解决能力等方面。非数量化评价法提供了一种多元化的评估途径，能够捕捉这些难以用数字表达的教育成果。例如，通过观察记录幼儿在课程中的表现，包括他们对新事物的兴趣、参与活动的积极性等，教师可以更全面地了解幼儿的发展情况。

2.招聘与选拔

在招聘和选拔过程中，非数量化因素也起着重要作用。除了关注应聘者的学历和技能等量化因素外，企业还非常注重其团队协作能力、创新思维等非量化因素。这些能力对于企业的创新和发展至关重要。因此，在招聘面试中，企业会采用小组讨论、案例分析等非数量化评价方法来考查应聘者的这些能力。

3.员工激励与培训

在员工激励和培训方面，非数量化评价法同样具有重要意义。除了物质奖励等量化激励措施外，企业还需要关注员工的职业发展需求，为其提供内部晋升机会、培训课程等非量化激励措施。这些措施能够满足员工对职业发展的期望，提高他们的工作积极性和忠诚度。

六、分析评价法

(一) 定义

分析评价法是一种系统性的教育评价方法，它通过详细的分解、比较和解释，对教育活动、教育过程和教育结果进行深入分析和判断。该方法旨在通过收集、整理和分析大量的教育数据，全面、客观地评价学校教育的质量和效果。分析评价法通常包括绝对评价、相对评价、个体内差异评价等多种具体形式，这些形式在实际应用中各有侧重，但共同构成了分析评价法的核心框架。

（二）优势

1. 全面性和客观性

分析评价法通过收集多方面的数据和信息，能够全面反映教育活动的各个方面。同时，该方法强调客观标准，避免了主观判断的干扰，提高了评价的准确性和可信度。

2. 诊断性和指导性

分析评价法不仅关注教育结果，还注重教育过程的分析。通过对教育活动的细致分解和比较，能够及时发现和诊断问题，为教育决策和改进提供有针对性的指导。

3. 灵活性和多样性

分析评价法具有高度的灵活性，可以根据不同的教育目标和需求，选择不同的评价形式和标准。同时，该方法还允许结合多种评价手段和方法，如问卷调查、观察记录、测试评估等，以更全面地了解教育情况。

4. 促进持续改进

分析评价法强调持续改进的理念，通过不断的评价和反馈，推动教育活动的不断优化和升级。这有助于形成良性循环，不断提高教育质量。

（三）应用场景

1. 教学质量评估

分析评价法可以应用于教学质量评估中，通过对教师的教学内容、教学方法、教学效果等方面的分析，全面评价教师的教学水平。这有助于教师发现自身的不足，及时调整教学策略，提高教学质量。

2. 学生学习成果评价

分析评价法也可以用于学生学习成果的评价。通过收集学生的学习成绩、作业完成情况、课堂表现等多方面的数据，可以全面了解学生的学习状况。这有助于教师发现学生的学习问题，提供个性化的辅导和帮助。

3. 课程设计和优化

分析评价法还可以应用于课程设计和优化中。通过对课程内容的分析、学生反馈的收集及教学效果的评估，可以发现课程设计中的问题和不足，进而进行有针对性的优化和改进。这有助于使课程内容更加符合学生的需求和社会的发展。

4. 学校管理评估

分析评价法还可以用于学校管理评估中。通过对学校教育教学工作的全面分析，可以发现管理中的问题和不足，为学校的持续改进提供有力的支持。这有助于提升学校的管理水平，推动学校的持续发展。

七、自我评价法

(一) 定义

自我评价法是一种由个体对自己的工作、学习或生活表现进行评估的方法。自我评价法特指学生、教师或教育管理者根据一定的评估标准，通过自我反思和评估，来认识自己的优点和不足，从而制定改进措施，实现自我提升。这种评估方法强调个体的主观能动性和自我认知，是一种从内部审视自身，促进自我发展的有效手段。

(二) 优势

1. 增强自我认知

自我评价能够帮助学生和教师更清晰地认识自己的学习或教学状况，包括优势、劣势及改进方向。这种自我认知是自我提升的关键环节。

2. 提升自主学习能力

通过自我评价，学生能够学会独立规划学习进度、选择适合自己的学习方法，并对学习成果进行自我监督和评估。这种自主学习能力对个体的长远发展具有重要意义。

3. 增强责任感和自信心

自我评价让学生对自己的学习负责，通过不断的自我反思和改进，他们能够看到自己的进步，从而提升自信心，形成积极的学习态度和健康的心理状态。

4. 促进教师专业成长

教师可以通过自我评价来反思自己的教学方法和策略是否有效，及时发现教学中存在的问题，调整教学方法，提升教学质量。这种自我反思和评价是教师专业成长的重要途径。

5. 优化教育管理

教育管理者可以通过自我评价来评估学校管理政策、教学资源配置等方面的效果，发现存在的问题和不足，制定更合理的发展规划和改进措施。

（三）应用场景

1. 学生自我评价

第一，在日常学习中，学生可以定期对自己的学习进度、掌握的知识点、学习方法等进行自我评价，找出不足并制定改进措施。

第二，在考试或项目完成后，学生可以通过反思自己的表现，分析成功和失败的原因，从而在未来的学习中避免同样的错误。

2. 教师自我评价

第一，教师在每堂课后或每学期结束时，可以通过自我评价来反思自己的教学方法和策略是否有效，学生的反馈如何，以及如何改进教学以提高学生的学习效果。

第二，教师还可以通过自我评价来评估自己的专业发展情况，如参加培训、阅读专业书籍、与同行交流等方面的进展。

3. 教育管理者自我评价

第一，教育管理人员能够利用自我评价的手段来审视学校的管理政策、教学资源分配等的效果，识别存在的问题与短板，进而规划出更为适宜的发展蓝图并采取改进措施。

第二，在制定新的教育政策或项目时，教育管理者可以通过自我评价来预测可能的挑战和困难，并制定相应的应对策略。

八、他人评价法

（一）定义

他人评价法是指由被评价者以外的他人，按照一定标准对被评价者进行价值判断的方法。他人评价法通常涉及教育行政领导、督导系统、专家、同行及家长等多方面的评价主体，他们对学生的学习表现、教师的教学质量及学校的教育管理水平进行客观、全面的评价。

（二）优势

1. 客观性强

他人评价法由于评价主体与被评价者无直接利益关系，因此评价结果相对客观公正，避免了自我评价法中可能存在的主观偏见。

2. 可信度高

由于评价主体通常具备较高的专业素养和丰富的实践经验，他们的评价往往更加准确、全面，具有较高的可信度。

3. 促进经验分享

他人评价法有助于优秀教育经验和教学方法的及时分享与推广，促进教育资源的优化配置和整体教学水平的提升。

4. 激励作用显著

通过他人评价，被评价者可以清晰地认识到自己的优点和不足，从而激发其改进和提升的动力。

（三）应用场景

1. 教学评价

在教学活动中，他人评价法被广泛应用于教师的教学质量评价。通过专家、同行听课、评课，以及学生评教等方式，全面、客观地评估教师的教学水平，为教学改进提供有力支持。

2. 学生学习评价

在学生学习评价中，他人评价法也发挥着重要作用。通过考试、作业、课堂表现等多方面的评价，教师可以更加准确地了解学生的学习情况，为教学计划的调整和学习方法的改进提供依据。

3. 学校管理评价

在学校管理评价中，他人评价法有助于全面、客观地评估学校的教育管理水平，为学校的改进和提升提供有力支持。这包括教育行政领导对学校的督导评价、专家对学校教育质量的评估等。

4.教育政策制定

在教育政策制定过程中，他人评价法也具有重要意义。通过广泛收集各方意见和建议，可以更加科学、合理地制定教育政策，确保政策的针对性和实效性。

第二节 统计分析法

一、统计分析法的定义

统计分析法是一种运用统计学的原理和方法，通过收集、整理、分析数据，并对数据的分布特征、数字特征和随机变量之间的关系进行推断和研究的方法。统计分析法被广泛应用于教育质量评估、教学方法优化、教学资源分配等多个方面。它通过对大量的教育数据进行科学的处理和分析，揭示教育现象的本质和规律，为教育决策提供科学依据。

二、统计分析法的优势

(一)客观性和精确性

在教育评价的传统模式中，往往依赖于教师的直观感受、同行评议或学生的主观反馈，这些方式虽有其价值，但不可避免地带有主观性和片面性。相比之下，统计分析法以其独特的优势，为教育评价带来了革命性的变化。

1.客观性

统计分析法的核心在于对海量教育数据的收集与分析，这些数据包括但不限于学生的学习成绩、出勤率、课堂参与度、课后作业完成情况等。通过对这些客观数据的处理，统计分析能够揭示出隐藏在数据背后的规律和趋势，避免了个人偏见或情感因素对评价结果的影响。这种基于事实的评估方式，确保了评价结果的公正性和客观性，为教育决策提供了更为坚实的基础。

2. 精确性

在统计分析的过程中，研究者可以运用多种统计工具和技术，如回归分析、方差分析、因子分析等，来深入挖掘数据间的关联性和差异性。这些方法不仅能够量化各项指标的表现，还能揭示它们之间的相互作用机制，从而实现对教育效果的精确测量。相比传统评价方法的模糊性和笼统性，统计分析法提供了更为具体、量化的评价指标，使得教育评价更加精细化和科学化。

(二) 可操作性与可重复性

1. 可操作性

统计分析法以其严谨的逻辑框架和明确的操作步骤，为教育工作者提供了一个清晰的评价路径。从数据收集、整理、分析到结果解读，每一步都有具体的方法和工具支持，如问卷调查、实验设计、描述性统计、推断性统计等。这种高度的可操作性，使得即便是非统计学专业的教育工作者，在经过一定的培训后，也能掌握并运用统计分析法进行教育评价。这不仅降低了技术门槛，还促进了统计分析法在教育实践中的广泛应用。

例如，在评估一门课程的教学效果时，教师可以设计一套包含学生满意度、知识掌握程度等多维度指标的问卷，通过收集数据并利用统计软件（如 SPSS、R 语言）进行分析，从而得出客观、量化的评价结果。这一过程既直观又高效，极大地提升了评价的准确性和科学性。

2. 可重复性

可重复性是科学研究的基本要求之一，也是统计分析法在教育评价中的另一大亮点。通过标准化的实验设计和分析流程，不同的研究者可以在相同或相似的条件下重复实验，得到一致或相似的结论。这种特性确保了教育评价结果的稳定性和可靠性，增强了评价结论的说服力。

在教育实践中，这意味着当一项基于统计分析法的评价研究被发表后，其他研究者可以依据报告中的方法细节，独立重复实验进行验证。如果多次重复实验的结果趋于一致，那么该评价方法的有效性和准确性就得到了进一步的确认。这种机制促进了教育评价知识的积累和共享，为教育决策提供了更为坚实的证据基础。

(三) 揭示规律和趋势

统计分析法通过收集、整理和分析大量数据，能够揭示出教育现象背后的规律和趋势，为教育者提供宝贵的信息和洞见。具体而言，这一优势体现在以下几个方面：

1. 学习成绩的精准分析

通过统计分析学生的学习成绩，教育者可以清晰地了解到学生的学习水平、进步速度及存在的问题。例如，通过对比不同年级、不同班级的成绩数据，可以发现学习成效的差异，进而调整教学策略，为成绩落后的学生提供更多的辅导和支持。

2. 课堂表现的量化评估

除了学习成绩，统计分析法还可以用于评估学生的课堂表现，如参与度、注意力集中度等。这些数据有助于教育者了解学生在课堂上的真实状态，从而优化教学方法，提高课堂互动性和趣味性。

3. 教育成效的长期跟踪

统计分析法能够实现对教育成效的长期跟踪和评估。通过定期收集和分析学生的学习数据，教育者可以观察到学生的持续进步或停滞不前的情况，以及时调整教学计划，确保教育目标的实现。

(四) 支持教育决策

统计分析法不仅能够帮助教育者揭示教育现象的规律和趋势，还能为教育决策提供科学依据，优化教育资源的配置。这一优势主要体现在以下几个方面：

1. 教育资源投入产出的比较分析

通过统计分析，教育者可以清晰地了解到教育资源投入与产出之间的关系。例如，对比不同教学方法、不同教育资源投入下的学生学习成效，可以发现哪些资源或方法更为有效，从而为教育政策的制定者提供决策依据。

2. 资源分配的不均衡与不合理之处

统计分析法能够揭示教育资源分配的不均衡和不合理之处。例如，通过对比不同地区、不同学校的教育资源投入情况，可以发现资源分配的差异，进而提出改进措施，确保教育资源的公平分配和有效利用。

3. 教育政策的科学制定

基于统计分析的结果，教育者可以更加科学地制定教育政策。例如，根据学生的学习需求和成绩分布情况，调整课程设置、教学方法和评价体系，以满足学生的个性化需求，提升教育质量。

三、统计分析法的应用场景

（一）教学质量分析

在教育质量提升的征途中，统计分析法如同一面明镜，能够让学校清晰地审视自身的教学成效。通过对学生的考试成绩、课堂参与度、作业完成质量等多维度数据的收集与统计，教育者可以构建一个全面的教学质量评估体系。

1. 考试成绩分析

利用统计软件对历次考试成绩进行趋势分析，识别学生群体或个体的进步与滑坡，及时发现学习障碍点。例如，通过计算平均分、标准差等指标可以评估班级整体学习水平及离散程度，为分层教学提供依据。

2. 课堂表现评估

结合课堂观察记录、学生互动频率等数据，采用量化分析手段，评估教学方法的有效性及学生注意力的集中程度。这有助于教师调整教学策略，增加课堂互动，提升学生的学习兴趣和参与度。

3. 作业完成情况反馈

通过分析作业提交率、正确率及错误类型分布，教师可以迅速定位知识盲点，针对性地设计辅导计划，实现个性化教学。

通过上述分析，学校不仅能够准确识别教学中的薄弱环节，还能基于数据反馈提出具体改进措施，如调整教学计划、强化薄弱环节训练、引入新教学方法等，从而有效提升教学质量。

（二）课程设置和教学内容优化

课程是教育活动的核心载体，而内容的优化则是提升教育效果的关键。

统计分析法在课程设置与内容优化中的应用，主要体现在对学生需求和学习成效的精准把握上。

1. 兴趣与需求调研

通过问卷调查、在线投票、访谈等方式收集学生对不同课程和内容的兴趣偏好及学习需求，运用统计分析方法对这些数据进行处理，识别热门课程与冷门课程，以及学生普遍感到困难的知识点。

2. 掌握程度与应用能力评估

利用考试成绩、项目作业、实践操作等多种评价方式，综合评估学生对课程内容的掌握程度及在实际中的应用能力。通过对比分析，识别出教学内容中的难点与亮点，为课程调整提供依据。

基于上述分析，教育工作者可以更加科学地调整课程结构，增加或优化受欢迎且对学生未来发展至关重要的课程；同时，针对难点内容创新教学方法，采用案例分析、实践操作等多样化教学手段，帮助学生更好地理解和应用知识，使教学内容更加贴近学生实际需求。

（三）教师教学效果评估

教师作为教育活动的核心，其教学效果直接关系到学生的学习成果和整体教育质量。统计分析法在这一领域的应用，为教师教学效果的量化评估提供了可能。具体而言，通过收集和分析学生的课程评价、考试成绩、作业完成情况等多维度数据，结合教师的教学计划、教学方法及课堂互动记录，可以构建一套全面的教学效果评估体系。

例如，利用问卷调查收集学生对教师教学态度、课程内容趣味性、讲解清晰度等方面的反馈，结合期末考试成绩的统计分析，可以较为准确地评估每位教师的教学效果。这种基于数据的评估方式，不仅能帮助学校识别出教学效果显著的教师，总结并推广其成功的教学方法和经验，还能及时发现教学过程中的薄弱环节，为教师提供针对性的改进建议，从而不断优化教学质量，提升学生的学习体验。

（四）教育资源分配

教育资源的合理配置是实现教育公平与质量提升的基础。统计分析法通过对不同地区、不同学校的教育资源投入（如师资力量、教学设施、资金投入）与教育产出（如学生升学率、综合素质提升情况）进行量化比较，揭示了资源分配的现状与问题。

例如，通过对比城乡学校的教育资源配置，可以发现农村地区在师资力量、教学设施等方面普遍落后于城市，导致教育成果存在显著差异。这样的分析结果为教育政策制定者提供了直观的数据支持，有助于他们制定更加科学合理的资源配置策略，如加大对农村教育的投入，实施优秀教师支教计划，优化教学设施布局等，以期缩小城乡教育差距，促进教育资源的均衡分布和有效利用。

此外，统计分析法还能帮助识别教育投入与产出之间的最佳比例关系，确保每一份教育资源都能产生最大的社会效益，推动教育系统的整体优化和可持续发展。

（五）学生综合素质评价

随着教育理念的不断进步，人们越来越认识到，学生的成长不仅仅是知识的积累，更包括品德修养、身心健康、艺术审美、社会实践等多方面能力的提升。因此，建立一个能够全面反映学生综合素质的评价体系显得尤为重要。这一体系不仅有助于教育者更准确地了解学生的全面发展状况，还能为家长和社会提供一个更为公正、全面的学生评价参考。

统计分析法通过收集、整理和分析大量数据揭示数据间的内在联系和规律，为学生综合素质评价提供了科学依据。具体应用如下：

1. 数据收集与整理

首先，需要收集学生在德、智、体、美、劳等方面的具体表现数据。这包括但不限于学业成绩、品德评价、体育测试成绩、艺术活动参与情况、社会实践及志愿服务记录等。通过问卷调查、教师评价、学生自评及家长反馈等多种渠道，确保数据的全面性和多样性。

2. 指标设定与权重分配

根据教育目标和评价需求，设定合理的评价指标，并为每个指标分配相应的权重。例如，在智育方面，可以依据学科成绩和学习能力设定指标；在德育方面，则可能包括诚信、责任感、团队合作等品质的评价。权重分配需考虑各指标对学生综合素质的重要性，确保评价的公正性和合理性。

3. 数据分析与解读

利用统计分析软件（如 SPSS、Excel 等），对收集到的数据进行处理和分析。通过计算平均分、标准差、相关系数等统计量，了解学生在各维度上的表现水平及差异。同时，采用聚类分析、因子分析等方法，识别学生的特长领域和潜在发展点，为个性化教育方案的制定提供依据。

4. 结果反馈与个性化教育

基于统计分析的结果向学生、家长和教师提供详细的评价报告，指出学生的优势与不足。教育者可根据报告内容，为每位学生设计个性化的学习计划和发展路径，促进其全面发展。

统计分析法在学生综合素质评价中的应用，不仅提高了评价的准确性和客观性，还促进了教育资源的合理分配和个性化教育的实施。它帮助教育者更深入地了解学生，发现其独特价值和潜能，从而激发学生的内在动力，促进其全面而有个性地发展。

四、统计分析法的实践意义

（一）为教育管理者提供科学数据支持

教育管理者面临着复杂多变的教学环境和学生群体，如何精准把握教学质量、识别教学过程中的强项与短板，是提升教育质量的关键。统计分析法通过收集、整理和分析大量教学数据，如学生的学习成绩、课堂参与度、教师教学效果反馈等，为管理者提供了翔实、客观的数据支持。这些数据不仅能够帮助管理者快速定位问题所在，如某门课程的通过率偏低、特定年级的学生在某个知识点上掌握不牢固等，还能够通过对比分析、趋势预测等手段，揭示问题的根源和发展趋势，从而制定出更加精准有效的改进措施。这种基于数据的决策方式相比传统的经验判断，无疑更加科学、合理，有助于推动教育质量的持续提升。

（二）促进学生的个性化学习与发展

每个学生都是独一无二的个体，他们的学习习惯、兴趣偏好、能力水平各不相同。统计分析法能够深入挖掘学生的学习数据，如作业完成情况、在线学习行为、测试成绩波动等，构建学生个人学习画像。这种全面的学习状态和能力发展的反映，使得教师和家长能够更准确地了解学生的学习特点和需求，从而为其量身定制个性化的学习计划，调整教学策略和学习资源分配。这种以学生为中心的教学模式，不仅提高了学习效率，还激发了学生的学习动力和兴趣，促进了其全面而个性化的发展。

（三）推动教育研究的深入与理论构建

教育是一个复杂的社会系统，其内部存在着众多变量和相互作用关系。统计分析法，尤其是大数据分析和机器学习技术的应用，为教育研究者提供了前所未有的视角和工具，使他们能够从海量数据中挖掘出教育现象背后的深层次规律和趋势。例如，通过分析学生的学习路径和成绩变化，研究者可以探索不同教学方法对学生学习效果的影响；通过考查教育资源的分配与利用效率，可以优化资源配置策略，促进教育公平。这些基于实证的研究发现，不仅丰富了教育理论，还为教育政策的制定提供了科学依据，推动了教育实践的持续改进和创新。

总之，统计分析法在教育评价中的应用，不仅是对传统评价模式的一次革新，更是对教育管理理念、学生学习方式及教育研究方法的深刻变革。它以其独特的科学性和精确性，为教育领域的各方面带来了显著的正面效应，是推动教育现代化、实现教育高质量发展的不可或缺的力量。随着技术的不断进步和数据分析能力的不断提升，我们有理由相信，统计分析法将在未来的教育实践中发挥更加广泛而重要的作用。

第三节　综合评判法

一、综合评判法的定义

综合评判法是一种运用数学方法将各项指标的测量结果加以综合，从而对评估对象进行整体评估的方法。综合评判法不仅关注学术成绩，还涵盖了学生的学习态度、创新能力、社会责任感等非学术方面的能力。这种方法通过对学生、教师、学校等不同层面的多方面数据进行收集和分析，形成全面的评价报告，可以帮助学校和教育行政部门了解教育质量的真实状况，为教育改进和发展提供科学依据。

二、综合评判法的优势

（一）全面性

综合评判法的核心在于其全面性。它摒弃了单一维度的学术成绩评价，转而关注学生的综合素质，包括但不限于学术能力、创新能力、团队合作、道德品质、社会责任感等。同时，该方法还将教师的教学能力、专业成长及学校的硬件设施、文化氛围等因素纳入考量范畴，从而构建了一个涵盖教育全过程、多层面的综合评价体系。这种全面性的评价视角，有助于更准确地反映学校教育的整体水平和学生的全面发展状况。

（二）客观性

为避免主观偏见对评价结果的影响，综合评判法大量运用数学方法和统计分析工具，如加权平均、层次分析法、模糊综合评价等，对各项评价指标进行量化处理。这种方法不仅提高了评价的精确性，还增强了评价过程的透明度，使得评价结果更加客观、公正。通过数据说话，综合评判法有效减少了人为因素的干扰，为教育决策提供了可靠的数据支持。

（三）灵活性

综合评判法的另一大优势在于其高度的灵活性。根据不同地区、不同类型学校及不同评价目的的具体需求，可以灵活设计评价指标体系和权重分配。例如，对于强调创新教育的学校，可以增加创新能力和实践能力的评价权重；对于偏远地区学校，则可能更侧重于基础设施改善和教育资源均衡的评价。这种量身定制的评价方案，确保了评价体系的针对性和有效性，促进了教育评价的个性化和差异化发展。

（四）导向性

综合评判法的评价结果不仅是对现状的反映，更是未来改进的依据。通过细致的分析，可以清晰地揭示出学校和学生在哪些方面表现优异，哪些方面存在短板。这种明确的导向性，为教育管理者、教师和学生提供了改进的方向和目标。基于评价结果的反馈，学校可以针对性地调整教学策略、优化课程设置、加强师资培训，而学生则能根据个人发展需求，制订个性化的成长计划。这种基于数据的持续改进机制，是推动教育质量持续提升的关键所在。

三、综合评判法的应用场景

（一）学生评价

在学生评价领域，综合评判法打破了传统以分数论英雄的模式，转而关注学生的综合素质。这包括但不限于学术成绩、创新能力、社会责任感、团队合作能力、身心健康等多个方面。通过构建包含这些维度的评价体系，学校能够更准确地识别每位学生的优势与潜能，为他们量身定制成长计划，促进个性化发展。例如，对于在创新能力方面表现突出的学生，学校可以提供更多科研项目和实践机会；而对于社会责任感强的学生，则鼓励参与社会服务活动，以此激发学生的内在动力，培养其成为全面发展的人才。

（二）教师评价

教师作为教育的引导者，其教学质量、科研水平、工作态度直接影响学生的学习成效。综合评判法应用于教师评价，意味着不再仅凭学生的考试成绩来评判教师的工作成效，而是综合考虑教师的教学设计、课堂互动、学生反馈、科研成果、师德师风等多个维度。这样的评价方式有助于发现教师的闪光点，同时也为教师的自我反思与职业发展指明了方向。学校可以据此为教师提供针对性的培训资源，支持其在教学技能、科研能力上的持续提升，进而提升整个教师队伍的专业素养。

（三）学校评价

学校作为教育活动的载体，其教学质量、师资力量、学生素质、校园文化等均是衡量其优劣的关键指标。综合评判法将这些因素纳入评价体系，通过定量与定性相结合的方式，为学校提供一个全面、客观的自我审视视角。这不仅有助于学校识别自身的优势与不足，也为制定改进策略提供了科学依据。例如，针对师资力量薄弱的学校，可以通过引进优秀人才、加强教师培训等方式加以改善；而对于校园文化缺失的问题，则可通过丰富课外活动、强化校园文化氛围建设等措施加以解决。

（四）政策制定

教育行政部门在制定教育政策时，若能充分利用综合评判法的结果，将极大地提高政策的科学性和合理性。通过对不同地区、不同类型学校的综合评估，可以精准识别教育资源分配的不均衡问题，为优化资源配置提供依据。比如，加大对农村地区或薄弱学校的投入，缩小城乡、区域间的教育差距；针对特定学生群体的需求，制定专项支持政策以促进教育公平。此外，综合评判法还能为教育政策的调整与优化提供反馈机制，确保政策实施的有效性，推动整个教育体系向更高质量、更公平的方向发展。

四、综合评判法的实践意义

（一）推动教育改革

综合评判法的实施意味着教育评价不再局限于单一的考试成绩，而是涵盖了学生的学习态度、创新能力、社会实践、团队合作等多个维度。这种全方位的评价体系，如同一面多棱镜，能够精准地反映出教育过程中存在的问题与不足。教育部门和学校通过深入分析综合评判的数据，可以清晰地识别出教育体系的薄弱环节，如课程设置不合理、教学方法过时、师资力量不均等，从而有针对性地制定改革措施，精准施策，有效提升教育质量，推动教育事业的持续健康发展。

(二) 促进个性化发展

每个学生都拥有不同的兴趣、特长和发展潜力。综合评判法通过全面评价学生的综合素质，不仅关注学生的学业成绩，更重视其非智力因素的发展，如情感、态度、价值观等。这种评价方式有助于教师和教育工作者深入挖掘学生的潜能和优势，为每位学生量身定制个性化的学习方案，实现真正的因材施教。这种个性化的教育模式，不仅能够激发学生的学习兴趣，还能促进其全面发展，为学生未来的成长奠定坚实的基础。

(三) 优化资源配置

教育资源的合理分配是实现教育公平的关键。综合评判法的结果，为教育行政部门提供了翔实的数据支持，使得资源分配更加精准高效。通过对不同地区、不同学校的综合表现进行评估，可以识别出资源匮乏或配置不合理的区域，从而有针对性地增加投入，如改善基础设施、引进优秀教师、提供丰富的学习资源等，确保每一名学生都能享受到相对均衡的教育资源，促进教育的公平与均衡发展。

(四) 提高教育决策科学性

教育决策的科学性直接关系到教育政策的有效性和教育目标的实现。综合评判法通过收集和分析大量数据，为教育决策者提供了客观、全面的信息支持。这些数据不仅反映了当前教育的现状，还能预测未来的发展趋势，为制定和调整教育政策提供了科学依据。相比传统的经验式决策，数据驱动的教育决策更加理性、精准，减少了决策的盲目性和随意性，提高了政策的针对性和实效性。

综上所述，综合评判法作为现代教育评价的一种创新模式，其在推动教育改革、促进个性化发展、优化资源配置及提高教育决策科学性方面的作用不容忽视。随着教育理念的不断进步和技术手段的不断革新，综合评判法将在未来教育领域发挥更加重要的作用，为培养更多德、智、体、美、劳全面发展的社会主义建设者和接班人贡献力量。

第四章 学校教育评价体系的构建

第一节 学校教育评价体系的理论基础

一、学校教育评价体系的定义

学校教育评价体系是为了促进教育改革与发展而建立的一套用于评价学生、教师和学校的体系，旨在不断提高教育质量和水平，涵盖了各个方面的指标，评价方法也多种多样，它包括对学校教育环境（如教育资源、师生关系、课程设置和管理制度等方面）的评估，这部分可通过访谈、观察和文件分析等方法获取信息；课程内容与教师的评估（包括教师的专业水平、课程内容的科学性和学生对课程的反馈等）；还有以目标为导向对学生的评估，目标可以包括学生的心理健康水平、自我认知能力、人际关系和情绪管理等方面的发展，这些目标可通过问卷调查、心理测试和观察等方法来评估。

二、学校教育评价体系的目的

（一）整体目的

学校教育评价体系的目的是多方面的，其整体上旨在全面、科学地评估学校教育的各个要素，从而推动教育的发展和进步。这有助于确保学校教育符合教育方针政策的要求，满足社会对教育的期望，促进学生、教师和学校自身的发展等多项目标。

（二）具体目的

1.促进学生发展

（1）全面发展

学校教育评价体系必须致力于学生的全面发展。这包括学生知识、技能、情感、态度、价值观等多方面的提升。评价体系应该注重对学生学习成果的全面评估，包括知识掌握程度、技能熟练程度、情感态度、团队合作能力等多个方面。通过这种方式，学生可以在评价过程中全面了解自己的优点和不足，从而更好地调整自己的学习方法和策略，实现全面的发展。

（2）个性化发展

学校教育评价体系还应该关注学生的个性化发展。每个学生在兴趣爱好、学习方式、思维方式等方面都有自己的特点。评价体系应该尊重学生的个性差异，为每个学生提供适合他们发展的评价方式。例如，对于动手能力强、善于实践的学生，可以更加注重他们在实验、实践、项目等方面的表现；对于善于思考、喜欢探究的学生，可以更加注重他们在思考深度、问题解决能力等方面的表现。通过这种方式，学生可以在评价过程中发现自己的特长和优势，从而更好地发挥自己的潜力，实现个性化的成长。

2. 推动教师成长

（1）专业能力提升

提升专业能力是学校教育评价体系的核心目的之一。教师作为教育者，需要不断学习和提升自己的专业知识，以适应不断变化的教育环境和学生需求。通过评价体系，学校可以定期评估教师的教学水平，提供反馈和建议，帮助教师了解自己的优点和不足，从而有针对性地进行改进。此外，评价体系还可以提供机会让教师参与专业发展项目，如研讨会、讲座和在线课程等，以促进教师的专业成长。

（2）职业道德规范

学校教育评价体系也注重教师职业道德规范的遵守。教育是一项崇高的事业，教师作为教育者，应该具备高尚的道德品质和职业操守。评价体系通过设定明确的职业道德标准，如尊重学生、公正公平对待每一位学生、关注学生的全面发展等，来督促教师遵守职业道德规范。同时，评价体系还会关注教师在教育教学过程中的行为表现，以确保教师始终秉持高尚的道德品质，为学生树立良好的榜样。

通过学校教育评价体系，教师可以明确地了解自己的优点和不足，并获得相应的支持和帮助，从而在专业和道德方面取得进步。这将有助于提高教师的教学水平，增强学生的学习效果，同时也有利于维护学校的良好声誉和可持续发展。

3. 提升学校办学水平

（1）规范办学

学校教育评价体系首先要求学校规范办学，包括遵守教育法律法规，严格执行课程设置和教学大纲，落实教育教学计划，保证教育教学质量。这一方面能够确保学校按照国家法律法规和政策要求进行教育教学活动，保证教育的公平性和公正性。另一方面，也能促使学校在教育教学过程中注重细节，避免出现违规行为，维护学校的声誉和形象。

（2）特色发展

学校教育评价体系鼓励学校特色发展，鼓励学校在遵循教育规律的基础上，结合自身实际情况和优势，探索适合自身发展的特色教育模式。这有助于学校形成自己的教育特色和品牌，提高学校的知名度和美誉度。同时，特色发展也有助于激发教师的创新精神，提高教师的专业素质和教育教学能力。

（3）教育质量提升

学校教育评价体系的核心目的之一是提升教育质量。通过评价体系，学校可以及时了解教育教学过程中的问题和不足，采取相应的措施加以改进。同时，评价体系也能为学校提供科学、客观、公正的评价结果，帮助学校明确发展方向和目标，为学校的长远发展提供有力的支持。此外，教育质量提升也有助于提高学生的学习效果和综合素质，为学生的未来发展打下坚实的基础。

4. 满足社会需求

（1）回应社会期望

随着社会的进步和时代的发展，人们对教育的期望越来越高。学校教育评价体系应该敏锐地感知这种变化，积极回应社会的期望，为社会培养出具备现代社会所需的素养和能力的公民。为实现这一目标，学校教育评价系统应当具备以下特性：

第一，注重全面发展的教育理念。学校教育评价体系应该关注学生的全面发展和个性差异，通过多样化的评价方式，激发学生的学习热情和创造力，培养他们的社会责任感和团队合作精神。

第二，培养创新能力。学校教育评价体系应该注重培养学生的创新意识和创新能力，鼓励他们敢于尝试、勇于探索，不断提高自己的综合素质和解决问题的能力。

第三，强调实践经验。学校教育评价体系应该注重实践经验的积累，鼓励学生通过实践活动，增强动手能力和解决问题的能力，从而更好地适应社会的需求。

（2）适应社会发展需求

学校教育评价体系应该紧跟时代发展，适应社会发展的需求，为学生提供适应未来社会所需的技能和知识。为了达到这一目的，学校教育评价体系应该具备以下特点：

第一，培养终身学习能力。学校教育评价体系应该注重培养学生的终身学习能力，让他们学会如何学习、如何思考、如何解决问题，从而在未来的职业生涯中保持竞争力。

第二，强化职业技能培训。学校教育评价体系应该根据社会发展的需求，强化职业技能培训，让学生掌握现代社会所需的技能和知识，为未来的职业生涯做好准备。

第三，增强团队合作能力。学校教育评价体系应该注重培养学生的团队合作能力，让他们学会在团队中发挥自己的优势，增强团队凝聚力和执行力。

学校教育评价体系的目的不仅仅是为了满足学生个人的发展需求，更是为了满足社会需求。它应该回应社会的期望，注重学生的全面发展、创新能力和实践经验；同时适应社会发展需求，培养学生的终身学习能力、职业技能和团队合作能力。只有这样，学校教育评价体系才能更好地服务于社会，培养出具备现代社会所需素养和能力的公民。

三、学校教育评价体系的理论依托

（一）多元智能理论

1.多元智能理论的概述

多元智能理论是由美国教育学家加德纳提出的，他主张人类的智力表现形式并非单一，而是多元化的。这一理论为我们的教育体系提供了新的视角和框架，对学校教育评价体系的构建具有深远影响。

2. 多元智能理论在学校教育评价体系中的应用

(1) 多元化的评价标准

多元智能理论强调个体间的差异性，每个学生都有自己独特的智能优势和特点。因此，学校教育评价体系应尊重学生的个体差异，采用多元化的评价标准，以更全面地评估学生的能力。

(2) 综合评价方式

多元智能理论倡导综合评价，包括对学生知识、技能、态度、情感、价值观等多方面的评估。这种方式有助于我们更全面地了解学生的发展状况，并为他们提供更有针对性的指导。

(3) 过程性评价

多元智能理论强调过程性评价，即关注学生的学习过程而非只是结果。通过观察学生在学习过程中的表现，我们可以更准确地评估他们的进步和成长。

(4) 教师的角色转变

在多元智能理论下，教师不再只是知识的传递者，而应成为学生多元智能发展的促进者和引导者。教师需要转变观念，关注学生的个体差异，并提供个性化的指导。

(5) 家长参与

家长是教育评价体系中不可或缺的一部分。多元智能理论鼓励家长参与评价过程，与学校共同关注学生的全面发展。通过与家长的沟通，学校可以更好地理解学生的家庭环境和需求，为其提供更有针对性的支持。

(二) 布鲁姆的教学评价理论

1. 布鲁姆的教学评价理论概述

布鲁姆是美国当代著名心理学家和教育家，他的教育评价理论对学校教育评价体系产生了深远影响。布鲁姆认为，教育评价是教育过程的重要组成部分，它不仅是对学生学习成果的评价，更是对学习过程和方法的评价。他提出了教育目标分类系统，将教育目标分为认知、情感和动作技能三大领域，并强调教育评价应该关注学生的全面发展，包括知识、技能、情感、态度和价值观等多个方面。

2. 布鲁姆的教学评价理论对学校教育评价体系的启示

（1）全面评价学生

布鲁姆的教学评价理论强调对学生全面发展的关注，包括知识、技能、情感、态度和价值观等多个方面。学校教育评价体系应该以此为指导，建立全面、客观、公正的评价标准，对学生的各个方面进行综合评价。

（2）重视过程评价

布鲁姆的教学评价理论强调对学习过程和方法的评价。学校教育评价体系应该重视过程评价，关注学生在学习过程中的表现和进步，及时给予反馈和指导，帮助学生改进学习方法，提高学习效果。

（3）多元化评价方式

布鲁姆的教学评价理论主张采用多种评价方式，如教师评价、学生自评、同伴互评等。学校教育评价体系应该借鉴这种多元化的评价方式，从多个角度对学生的学习成果进行全面评价，提高评价的准确性和公正性。

（4）培养学生的自主学习能力

布鲁姆的教学评价理论强调培养学生的自主学习能力。学校教育评价体系应该注重培养学生的自主学习意识和能力，鼓励学生自主探究、合作学习，为学生提供更多实践机会，促进学生综合素质的发展。

第二节 构建学校教育评价体系的策略

一、确定评价体系的核心要素

（一）明确评价标准

建立一套科学、合理的评价标准，能够全面反映学生的学习成果和教师的教学效果。对于学生学习成果的评价标准，除了考试成绩，还应涵盖实践能力、创新思维、团队协作能力等多方面；对于教师教学效果，要考虑教学方法是否得当、是否能够激发学生兴趣、教学内容是否准确等。

（二）选择评价方法

采用多元化的评价方法，包括但不限于考试、观察、自我评价、同伴评价等。例如，在评价学生的品德发展时，观察学生在日常校园生活中的行为表现就很重要；而让学生进行自我评价，可以促使他们自我反思，更好地认识自己的优点和不足。

（三）建立反馈机制

建立有效的反馈机制，确保评价结果能够及时反馈给教师和学生，促进教学和学习的改进。教师可以根据对学生的评价结果反馈，调整教学计划和方法；学生可以根据教师给予的评价反馈，改进自己的学习态度和方法等。

二、实施评价体系的步骤

（一）确定评价目标

确立清晰、具体的评价目标是构建评价体系的第一步。这一步骤要求学校管理者、教师及利益相关者共同参与，明确评价旨在解决的问题或达成的目标。评价目标应涵盖学生的学习成果、教师的教学质量、课程的有效性、学校文化的营造等多个维度。例如，学生的学习成果可以细化为知识掌握程度、技能应用能力、情感态度与价值观的培养等；教学质量则可能关注教学方法的创新性、师生互动的有效性等。明确目标有助于确保后续评价活动的针对性和有效性。

（二）设计评价工具

设计科学、合理的评价工具是实现评价目标的关键。评价工具应基于评价目标量身定制，包括但不限于标准化测试、项目作业、表现性评价、同伴评价、自我反思报告等。在设计过程中，需考虑工具的信度（一致性）、效度（准确性）及实用性。例如，采用多元化评价手段，结合量化评分与质性描述，可以更全面地评估学生的能力和进步。同时，确保评价工具的公平性，避免任何形式的偏见，是设计过程中不可忽视的原则。

（三）实施评价活动

实施评价活动是将评价理念转化为实际行动的过程。这一阶段要求精心组织，确保评价活动有序进行。实施前，应对参与评价的人员进行必要培训，使其理解评价目的、熟悉评价工具的使用方法。评价过程中，应注重过程性评价与终结性评价的结合，既关注学习结果，也重视学习过程中的表现和努力。此外，保持评价的透明度和开放性，鼓励学生、家长及教师之间的正向反馈，有助于形成良好的评价氛围。

（四）分析评价结果

分析评价结果是整个评价周期的收尾环节，也是指导未来改进的依据。通过对收集到的数据和信息进行深入分析，可以揭示出教学中的亮点与不足，为教育决策提供实证支持。分析时，应运用统计学方法、内容分析法等多种手段，确保结果的准确性和深度。重要的是，要将分析结果转化为具体可行的改进建议，如调整教学内容、优化教学方法、增强家校合作等。同时，建立反馈机制，确保评价结果的及时传达与有效应用，形成评价—反馈—改进的良性循环。

三、借助技术支持评价体系

（一）利用在线评价平台

在线评价平台是技术赋能教育评价的重要工具之一。这些平台通过互联网技术，极大地简化了评价活动的组织流程。以在线考试平台为例，它能够轻松应对大规模考试的需求，从试题库随机抽题、在线分发试卷，到自动阅卷、即时成绩统计，整个过程快速且准确。更重要的是，这些平台还能提供详尽的答题分析报告，如每道题的正确率、错误选项分布等，帮助教师迅速掌握学生的学习状况，为后续教学调整提供依据。

（二）使用数据分析工具

数据的力量在于其能够提供洞察和预测。在教育评价领域，数据分析工具的应用使得从海量数据中提取有价值信息成为可能。通过数据挖掘技术，我们可以深入分析学生成绩、出勤率、作业完成情况等多维度数据，揭示影响学生学习成效的潜在因素，如学习兴趣、学习习惯、特定知识点掌握程度等。这种深度分析不仅能帮助教育者识别学生的学习短板，也为制定针对性的教学策略提供了科学依据，促进了教学质量的持续提升。

（三）进行个性化评价

每个学生的学习需求和能力各异。个性化评价正是基于这一理念，旨在通过技术手段为每位学生量身定制评价内容和反馈。智能教育软件是实现这一目标的关键工具。这类软件能够跟踪记录学生的学习轨迹，分析其学习习惯、偏好及能力水平，进而生成个性化的学习建议和精准的评价报告。例如，对于在某个知识点上遇到困难的学生，软件可以推荐相应的学习资源或练习，同时提供针对性的鼓励和指导，帮助他们克服困难，激发学习动力。

四、重视学情分析

（一）深入了解学生

学情分析是构建学校教育评价体系的关键一环。通过对学生的学习过程、学习行为及学习结果的综合分析，来获取对学生学情的深入了解和准确评价。例如，分析学生在课堂上的参与度、作业完成情况、考试成绩波动等，从而了解每个学生的学习特点和需求。

（二）调整教学策略

教师根据学情分析的结果，可以有针对性地调整教学策略。例如，对于学习进度较慢的学生，教师可以提供额外的辅导材料或者放慢教学进度；对于学习能力较强的学生，可以提供拓展性的学习任务等。

（三）促进学生自主学习

学情分析结果可以直观地反映学生的学习成果和进步，有助于促进学生自主学习和自我评价能力的培养。学生可以通过比较自己与其他同学的学习情况，发现自己的优势和不足，激发学习动力，同时也能够更加具体地了解自己在学习上的问题，并有针对性地进行自我调整。

五、注重评价体系的创新发展

（一）与个性化学习融合

1. 定制化评价方案

个性化学习的核心在于尊重每位学生的独特性，因此评价体系也应相应地进行定制化设计。通过大数据分析学生的学习行为、兴趣偏好及能力水平，为每位学生量身定制评价标准和内容，确保评价既能准确反映其学习成效，又能激励其持续进步。例如，采用项目式学习、翻转课堂等教学模式，结合学生自选课题或兴趣方向进行评价，使评价过程成为促进学生个性发展的契机。

2. 动态调整评价周期

个性化学习强调灵活性与适应性，评价周期也应随之动态调整。传统学期末一次性考核的方式难以全面反映学生的学习进展，而采用形成性评价，即在学习过程中持续收集数据，及时调整教学策略和评价标准，可以更有效地支持学生的个性化成长。此外，利用技术手段如在线学习平台，实现即时反馈，让学生及时了解自己的学习状况，促进自我反思与调整。

（二）关注综合素质培养

1. 多元化评价指标

综合素质的培养要求评价体系从单一的知识技能考核转向多元化的能力评估。除了学科知识外，还应涵盖创新思维、团队合作、社会责任感、身心健康、艺术修养等多个维度。通过建立包含学习态度、实践能力、情感态度价值观等在内的综合评价体系，引导学生全面发展，为未来社会所需的多元能力打下坚实基础。

2. 情境模拟与实践评价

为了更准确地评估学生的综合素质，评价体系应融入更多情境模拟和实践操作环节。比如，通过模拟联合国会议、社区服务、科学实验设计等活动，让学生在真实或模拟的情境中展示其问题解决能力、领导力、沟通技巧等。这些实践活动不仅能够直观地反映学生的综合能力，还能在实践中促进其能力的进一步提升。

3. 家、校、社协同评价

综合素质的培养是一个系统工程，需要家庭、学校和社会三方面的共同努力。因此，评价体系也应体现这一理念，通过家校合作、社会实践等方式，收集来自不同环境、不同角色的评价信息，形成全面、立体的学生画像。这不仅有助于更准确地评估学生的综合素质，还能促进家校社之间的沟通与协作，共同为学生的全面发展创造良好环境。

六、注重评价主体的多元化

（一）重视学生的自我评价

学生是学习的主体，也是教育评价的直接对象。重视学生的自我评价，意味着赋予他们评价自身学习过程和成果的权利，这不仅能够增强学生的主体意识，还能激发其内在学习动力。通过引导学生设定个人学习目标、记录学习过程中的进步与挑战、反思学习方法和效果，学生可以逐渐学会如何自我评估，从而调整学习策略以实现自我提升。学校可以通过设立"成长记录册"、开展"我的学习故事"分享会等形式，为学生提供自我评价的平台和工具，同时教授自我评价的方法和技巧，培养其成为自我驱动的学习者。

（二）引入家长的评价

家长是孩子成长的第一任老师和终身伙伴，他们对孩子的了解往往更加深入和全面。将家长的评价纳入学校教育评价体系，不仅能够丰富评价维度，还能增进家校之间的沟通与理解，形成教育合力。家长评价可以聚焦于孩子的行为习惯、家庭学习情况、情感态度等非学术领域，通过定期的家校联系册、家长会、在线问卷等方式收集。重要的是，学校应建立机制，确保家长评价的反馈能够得到有效利用，成为教师调整教学策略、提供个性化指导的依据之一。同时，通过家长评价，学校也能更好地理解学生校外生活的状态，为家校共育提供更加精准的支持。

（三）引入社会力量的评价

社会力量包括社区、企业、非营利组织等，是教育资源的重要组成部分，也是教育成果的最终检验者。引入社会力量的评价，可以从更广泛的社会需求和发展趋势出发，对学校教育质量、学生综合素质进行考查，有助于提升教育的社会适应性和实用性。例如，通过校企合作项目、社会实践活动、志愿服务等，让学生在实际情境中展现能力和素养，由企业和社会组织进行评价。此外，利用第三方教育评估机构的专业性，对学校教育质量进行定期评估，也能为学校提供客观、专业的反馈，助力学校持续改进。

七、建立反馈机制

在构建学校教育评价体系的过程中，建立反馈机制是至关重要的。反馈机制能够及时收集各方面的评价信息，并对评价结果进行分析和反馈，从而为学校的教育教学改进提供依据。

（一）明确反馈目标，细化评价标准

构建反馈机制的前提是明确反馈的目标与目的。这要求学校根据自身的教育理念、发展目标及学生的实际情况，制定具体、可衡量的评价标准。这些标准应涵盖学生的学习成果、综合素质、创新能力、情感态度等多个维度，同时也要关注教师的教学效果、专业素养及课程设计的合理性。通过细化评价标准，确保反馈内容具有针对性和指导性，可以为后续的分析与改进提供坚实基础。

（二）多元化反馈渠道，确保信息全面

建立多元化的反馈渠道是确保信息全面性的关键。除了传统的问卷调查、面对面访谈外，还可以利用现代信息技术手段，如在线评价系统、社交

媒体平台等，拓宽反馈来源。学生、教师、家长乃至社区成员都应成为反馈的主体，他们的声音都应被听见。这种全方位的反馈收集方式，有助于获取更加真实、全面的教育信息，为决策提供有力支持。

（三）强化数据分析，精准识别问题

收集到的反馈信息需要通过科学的数据分析手段进行处理，以精准识别教育过程中存在的问题与不足。学校可以引入数据分析软件或工具，对反馈数据进行量化分析，同时结合质性描述，形成综合评估报告。这一过程不仅要求技术上的支持，更需要教育专业人士的解读与判断，确保分析结果能够准确反映教育现状，为改进策略的制定提供依据。

（四）建立快速响应机制，促进持续改进

反馈的价值在于其能够引导行动的改变。因此，建立快速响应机制至关重要。学校应设立专门的反馈处理小组或委员会，负责接收、分析反馈信息，并快速制定改进措施。同时，建立跟踪评估机制，对改进措施的实施效果进行定期评估，形成闭环管理。这种快速响应与持续改进的循环，能够有效推动学校教育质量的不断提升。

（五）培养反馈文化，营造开放氛围

构建反馈机制还需注重培养一种积极的反馈文化。学校应鼓励师生及家长主动提出意见和建议，营造一种开放、包容、尊重差异的沟通环境。通过定期举办反馈会议、分享成功案例、表彰积极参与反馈的个人或团队等方式，增强全体成员对反馈重要性的认识，激发大家参与反馈的积极性与创造性。

八、建立与评价体系相适应的激励机制

（一）目标激励

目标激励是构建学校教育评价体系激励机制的基础。学校应根据教育评价体系的要求，为教师和学生设定明确、具体、可衡量的目标。这些目标应符合学校的发展规划，与教师的职业发展相契合，同时也应考虑到学生的

实际情况和能力水平。教师和学生明确目标后，将更有动力为实现目标而努力，从而提高教学和学习效果。

实施目标激励时，应注意以下几点：

第一，目标设定应具有层次性，针对不同年级、不同学科的教师和学生设定不同难度和层次的目标。

第二，目标应具有可达成性，避免过于理想化或过于困难的目标，以免影响教师和学生的积极性。

第三，定期对目标进行评估和调整，确保目标与教育评价体系保持一致，并根据实际情况进行调整。

(二) 荣誉激励

荣誉激励是学校教育评价体系激励机制的重要组成部分。学校应设立多种荣誉奖项，如优秀教师、优秀学生、进步最快学生等，以表彰在教学或学习上表现突出的教师和学生。通过颁发荣誉奖项，教师和学生可以获得认可和鼓励，进一步激发其积极性和创造力。

实施荣誉激励时，应注意以下几点：

第一，确保荣誉奖项的公正性和透明度，避免不公平现象的发生。

第二，定期开展评选活动，确保评选结果能够反映教师和学生的实际表现。

第三，鼓励全体师生参与评选，提高评选的广泛性和代表性。

(三) 物质激励

物质激励是学校教育评价体系激励机制的物质基础。学校可以通过给予教师一定的奖金、津贴或福利待遇，来提高教师的收入水平和工作积极性。对于表现优异的学生，学校也可以给予一定的奖学金或助学金，帮助他们更好地完成学业。物质激励可以满足教师和学生的物质需求，提高其工作和学习热情。

实施物质激励时，应注意以下几点：

第一，物质激励应当适度，避免过度依赖物质奖励而忽视其他激励方式。

第二，确保物质奖励的公平性和透明度，避免不公现象的发生。

第三，将物质激励与精神激励相结合，形成多元化激励机制。

(四) 培训与发展激励

培训与发展激励是提升教师和学生综合素质的重要途径。学校应为教师提供专业培训和发展机会，帮助他们提高教学水平；为学生提供多样化的培训课程和活动，帮助他们拓宽知识面、提高综合素质。通过培训与发展激励，教师和学生可以不断提升自身能力，更好地适应教育评价体系的要求。

实施培训与发展激励时，应注意以下几点：

第一，培训内容应与教育评价体系的要求相匹配，注重培养教师和学生的实际能力。

第二，为教师和学生提供多样化的培训形式和渠道，如线上课程、线下讲座、实地考察等。

第三，建立完善的培训评估机制，确保培训效果和质量。

综上所述，构建学校教育评价体系激励机制需要从目标激励、荣誉激励、物质激励、培训与发展激励四个方面入手。这些策略的实施将有助于激发教师和学生的积极性，提高教学和学习效果，推动学校教育事业的发展。

第五章 教学实践中的教育评价

第一节 教学设计中的评价融入

一、教学设计融入评价的目的与功能

(一) 教学设计融入评价的目的

教学设计中融入评价的首要目的在于全面、客观地了解学生的学习情况和掌握程度。这一过程超越了简单的分数评定，它关注的是学生知识技能的掌握、思维能力的提升、情感态度的发展等多个维度。教师通过评价能够捕捉学生在学习过程中的细微变化，为后续的个性化指导提供依据。

同时，评价也是检测教学效果的重要手段。它帮助教师判断教学设计是否达到预期目标，哪些环节有效促进了学习，哪些部分需要调整或加强。这种基于证据的反馈机制，是教学持续改进不可或缺的一环。

(二) 教学设计融入评价的功能

1. 诊断功能

评价的首要功能在于其强大的诊断能力。通过对学生学习成果的细致评估，评价能够准确识别学生在特定学习领域的知识漏洞或技能缺陷。这种精准的"病灶定位"，为后续的教学补救提供了明确的方向。例如，在一次数学测验后，教师可以通过分析学生的错题类型，迅速识别哪些学生对某个数学概念理解不清，哪些学生在解题技巧上存在短板。基于这些信息，教师可以设计针对性的辅导计划，帮助学生填补知识空白，提升技能水平。

2. 导向功能

评价的另一大功能是导向作用。通过设定清晰、具体的评价标准，评价能够像一盏明灯，照亮学生的学习道路，引导他们朝着既定的学习目标努

力。这些标准不仅为学生提供了明确的学习方向，还帮助他们建立起自我评价的能力，学会自我反思和进步。比如，在英语写作课上，教师如果明确了优秀作文的评判标准（如结构清晰、逻辑连贯、用词准确等），学生就能在写作过程中有意识地朝这些方向努力，不断提升自己的写作水平。

3. 激励功能

正面、及时的反馈是评价激励学生进步的重要手段。当学生看到自己的努力得到认可，他们的自信心会得到极大的增强，学习兴趣和动力也会被进一步激发。这种激励作用不仅体现在对优秀成果的表彰上，更体现在对进步过程的肯定上。例如，在一次科学实验后，即使学生的实验结果并不完美，但教师如果能指出他们在实验过程中的创新思维或细致观察，也能极大地鼓舞学生的士气，促使他们在未来的学习中更加投入。

4. 调控功能

评价结果为教师提供了宝贵的反馈信息，是教师调整教学策略、优化教学效果的直接依据。通过对评价数据的深入分析，教师可以了解不同学生的学习需求和学习风格，从而设计更加个性化、差异化的教学方案。此外，评价还能帮助教师及时发现教学方法或课程内容中存在的问题，进行及时的修正和改进，实现教学的动态优化。例如，在一次历史课后的小测验中，如果发现大部分学生对某个历史事件的时间线记忆模糊，教师就可以在后续的课程中增加时间线的梳理和强化练习，以提高教学效果。

二、教学设计中融入评价的实践策略

（一）实现"教—学—评"一体化

"教—学—评"一体化教学模式强调教学活动、学习活动与评价活动应围绕共同的目标紧密协作，形成一个闭环系统。这意味着，在教学设计的初始阶段，教师需清晰界定并阐述教学目标，这些目标应具体、可测量、可达成且与学习成果紧密相关。随后，评价设计须紧密围绕这些目标展开，确保评价内容、标准及方法与教学目标保持一致。

1. 明确目标导向

在设定教学目标时，教师应采用 SMART 原则（具体 specific、可测量

measurable、可达成 achievable、相关性 relevant、时限 time-bound），确保目标既具有挑战性又切实可行。

2. 设计一致性评价

评价任务应与教学目标直接相关，能够直接反映学生达成目标的情况。例如，若教学目标是提升学生的批判性思维能力，则评价任务应包含要求学生分析、评价文本或案例的内容。

3. 反馈循环

评价不应仅是一次性事件，而应成为教学过程中的持续反馈机制。通过及时的反馈，学生可以了解自己的学习进展，教师则能据此调整教学策略，确保教学活动始终贴近目标。

（二）多元化评价手段

学生的学习方式和能力千差万别，单一的评价方式难以全面、准确地反映他们的学习成效。因此，教学设计中应灵活运用多种评价手段，包括但不限于作业、测试、课堂观察、口头报告、项目展示、同伴评价及自我评价等。

1. 形成性评价与总结性评价的结合

形成性评价关注学生的学习过程，通过日常作业、课堂互动、小测验等形式，为教师提供即时的学生学习进展反馈。这种评价方式的优点在于能够及时发现学生的学习困难和优势，帮助教师及时优化教学策略，同时也让学生有机会及时纠正错误，调整学习方法。例如，教师可以通过课堂观察记录学生的参与度，通过在线平台监测学生的作业完成情况，从而及时给予反馈和建议。

总结性评价则侧重于对整个学习周期的总结，如期末考试、项目报告等，用以评估学生的学习成果是否达到预设目标。这种评价方式有助于教师了解学生对整体知识体系的掌握情况，为学生的升学、就业提供重要参考。通过形成性评价与总结性评价的结合，教师可以获得学生学习过程的全面视图，从而做出更为精准的教学决策。

2. 质性评价与量化评价并重

传统教育中，量化评价（如分数、等级）占据主导地位，但这种方式往往无法全面反映学生的综合能力和素质。因此，质性评价（如作品集展示、口头报告、项目汇报等）显得尤为重要。质性评价能够更深入地评价学生的创新思维、沟通能力、团队协作等软技能，这些技能在现代社会尤为重要。

例如，在艺术创作课程中，学生提交的作品集不仅展示了他们的艺术技巧，还能反映他们的创意和审美能力；在团队合作项目中，通过汇报展示和同伴评价，可以评估学生的领导力、沟通能力和团队协作精神。质性评价与量化评价的并重，使得评价体系更加全面、立体，有助于学生的全面发展。

3. 同伴评价与自我评价的鼓励

同伴评价和自我评价是两种重要的评价方式，它们能够增强学生的自我反思能力和同伴间的相互学习。同伴评价鼓励学生从他人的视角审视自己的作品和学习过程，这不仅有助于发现自身的不足，还能学习他人的优点，促进相互理解和尊重。自我评价则要求学生反思自己的学习过程和成果，培养他们的自我管理能力和元认知能力。

教师可以通过设计评价量表、提供评价指南等方式，引导学生进行有效同伴评价和自我评价。同时，教师应鼓励学生积极参与评价过程，将评价视为学习和成长的一部分，而非单纯的评判活动。

4. 技术辅助评价

随着信息技术的发展，技术辅助评价在教育领域的应用越来越广泛。利用在线平台、智能学习系统等工具，教师可以更高效地收集和分析学生的学习数据，进行精准评价。例如，在线作业平台可以自动批改选择题、填空题等客观题，为教师节省大量时间，同时提供即时的学生掌握情况反馈。智能学习系统则可以通过分析学生的学习行为，预测其学习需求，为教师提供个性化的教学建议。

此外，技术辅助评价还可以应用于质性评价中，如通过视频录制、在线讨论板等方式，收集学生的口头报告、项目汇报等评价材料，便于教师远程评估和反馈。

（三）及时反馈与调整

及时反馈是教学设计中不可或缺的一环，它如同学习旅程中的导航灯，指引学生明确自己的位置、方向与速度。在教学设计中融入评价，首要任务是建立一套能够迅速、准确地收集学生学习信息并反馈给学生的机制。这要求教师具备敏锐的观察力和高效的沟通技巧，能够捕捉学生在课堂上的细微变化，如参与度、理解程度、情绪反应等，并据此给予具体、建设性的反馈。

反馈的内容不仅要指出学生的表现如何，更重要的是要说明如何改进。例如，在数学课上，如果教师发现学生在解决特定类型问题时遇到困难，可以通过个别指导或小组讨论的方式，明确指出错误所在，并教授正确的解题思路和方法。这样的反馈不仅帮助学生及时纠正错误，还能增强他们面对挑战的信心和解决问题的能力。

同时，教师还需根据学生的反馈和表现灵活调整教学计划。这包括课程内容的深浅、教学速度的快慢、活动设计的难易等。通过持续监测学生的学习成效，教师能够识别班级或个别学生的需求变化，适时调整教学策略，确保教学活动始终贴近学生的"最近发展区"，促进每位学生都能在原有基础上取得进步。

(四) 学生参与和自主学习

教学设计的另一大挑战在于如何促进学生从被动接受转为主动探索。评价融入的过程为学生提供了参与和自我反思的机会，是培养自主学习能力的关键。教师应鼓励学生参与到评价活动中，让他们成为评价的主体，而非仅仅是被评价的对象。

实现这一目标，教师可以采用同伴评价、自我评价等多种评价方式。同伴评价鼓励学生相互学习，从他人的视角审视自己的学习成果，学会欣赏他人的优点并识别可借鉴之处。自我评价则引导学生反思学习过程，理解自己的学习风格、优势与不足，从而制定个性化的学习计划。这些活动不仅增强了学生的责任感和自我效能感，还促进了批判性思维和元认知技能的发展。

为了支持学生的自主学习，教师还需提供必要的资源和指导。例如，建立在线学习平台，提供丰富的学习材料和自我检测工具；设计项目式学习任务，让学生在解决实际问题的过程中综合运用所学知识；定期组织学习分享会，鼓励学生交流学习心得，形成积极向上的学习氛围。通过这些措施，教师不仅为学生搭建了自主学习的支架，还激发了他们探索未知、持续学习的内在动力。

教学设计中融入评价，是对传统教学模式的一次革新，它要求教育者从单一的知识传授者转变为学生学习旅程的引导者和支持者。教师通过评价不仅能更准确地把握学生的学习脉搏，还能不断优化教学设计，促进教学效果的持续提升。在这个过程中，评价不仅是衡量工具，更是推动教育创新、实现个性化学习的重要驱动力。因此，每一位教育工作者都应深刻理解评价在教学设计中的核心价值，不断探索和实践，让教育因评价而更加精彩。

第二节　课堂教学中的评价实施

一、课堂教学评价的目的

（一）强化教学中心地位

教育之本在于教学，教学的核心则在于课堂。通过课堂教学质量评价，可以明确地将教学的中心地位凸显出来，引导教师深刻认识教书育人的神圣使命与重大责任。这种评价机制促使教师不仅关注学生的学业成绩，更重视学生综合素质的培养，包括创新思维、批判性思维、团队协作能力等。它激励教师自觉提升专业素养，增强教育教学的责任感和使命感，从而不断提高课堂教学质量，确保每一堂课都能成为学生成长的阶梯。

（二）加强教风建设

教风是教育精神风貌的直接体现，对学生的学习态度、价值观形成具有深远影响。课堂教学评价为教师提供了一个自我审视和反思的平台，通过收集学生、同行及教学管理部门等多方面的反馈信息，教师可以清晰地了解到自己在教学内容、教学方法、课堂管理等方面的优势与不足。这些信息是教师成长的宝贵资源，有助于他们及时更新教学内容，紧跟时代步伐；改进教学方法，采用更多元化的教学手段激发学生的学习兴趣和主动性；优化课堂管理，营造积极向上、互动良好的学习氛围。通过这些努力，教风得以不断改善，形成良性循环，最终提升整体教学质量。

(三) 科学管理教学环节

教学管理部门作为教育质量的守护者, 需要全面掌握教师的教学工作情况, 以便做出科学合理的决策。课堂教学评价为这一需求提供了数据支持和事实依据。管理部门通过评价能够获取关于教师教学效果、课程设置合理性、教学资源利用等多维度的信息, 进而对教学计划、课程设置、师资培训等方面进行精准调整。这不仅提高了教学管理的针对性和有效性, 还促进了教育资源的优化配置, 为构建高质量的教育体系奠定了坚实基础。

二、课堂教学评价的原则

(一) 全面评价原则

全面评价原则是确保教学质量监控全面覆盖的基础。这一原则强调, 每位教师每学期开设的所有课程均需接受评价, 无一例外。这意味着, 不论是基础课程还是专业课程, 无论是理论讲解还是实践操作, 都应纳入评价范畴。同时, 所有修读该课程的学生均须参与评价, 确保评价数据的广泛性和代表性。通过这样的全面覆盖, 可以更加准确地反映教师的教学水平和课程设计的合理性, 避免单一课程或个别学生的评价偏差影响整体判断。

全面评价原则的实施, 要求学校建立完善的评价体系, 包括多样化的评价工具 (如在线问卷、课堂观察、同行评审等) 和明确的评价周期, 确保评价的连续性和系统性。此外, 还需鼓励学生积极参与评价过程, 通过匿名评价等方式, 消除学生顾虑, 提高评价的真实性和有效性。

(二) 定量与定性评价相结合原则

为了提高评价结果的可信度和可比性, 定量与定性评价相结合成为不可或缺的原则。定量评价侧重于通过数值、比例等形式, 客观记录和分析教学过程中的各项指标, 如学生成绩、到课率、作业完成情况等, 易于量化比较。而定性评价则侧重于通过文字描述、案例分析等方式, 深入探究教学过程中的优点与不足, 如教师的教学态度、课堂互动情况、教学内容的深度与广度等, 更加关注教学的人文关怀和创新能力。

将两者有机结合，既能保证评价的客观性和精确性，又能兼顾评价的深度和全面性，从而更准确地反映教学的真实状况，为教师的自我反思和持续改进提供有力依据。

(三) 公正、公平、公开原则

公正、公平、公开原则是确保评价结果可靠性的基石。公正性要求评价过程不受任何外部因素干扰，评价标准统一、明确，对所有教师一视同仁。公平性体现在评价机会均等，每位教师都有机会通过努力提升自己的评价分数，避免主观偏见和利益冲突影响评价结果。公开性则是指评价结果应适时、适当地向教师、学生及管理层公开，接受监督，促进教学透明度和信任度的提升。

实现这一原则，需要建立健全的评价监督机制，包括独立的评价委员会、透明的评价流程和结果公示机制。同时，加强对评价人员的培训，提高他们的专业素养和职业道德，确保评价工作的专业性和权威性。

三、课堂观察法在评价中的应用

课堂教学评价是教育过程中不可或缺的一环，它对于提高教学效率、激发学生学习兴趣以及促进学生全面发展具有重要意义。课堂观察法作为一种新型的评价手段，通过系统、科学的方式对课堂教学进行全面、细致的评估，为改进教学方法和提升教学质量提供了有力支持。

(一) 课堂观察法的定义与特点

课堂观察法是由观察员组成观察小组，通过课前准备课堂观察量表，对教师在课堂中进行提问、学生理解与掌握程度以及课堂状况进行记录、剖析与研究的一种评价体系。这种方法如同庖丁解牛一般，将课堂分解、细化，实现了课堂教学由"面"到"点"的分解过程，克服了传统听评课基于经验与印象的不足。

课堂观察法不仅关注教师的"教"，而且重视学生的"学"，即如何学习、会不会学习以及学得怎么样。它促使教师在课堂观察前、中、后进行反思，通过反思觉悟，提高教学水平，进而有效地提高课堂教学效率。

（二）课堂观察法在评价中的应用

1. 反思教学内容，制订量表

课堂观察的关键在于制订有效的观察量表。量表的有效性取决于观察点的设置，因此，如何确定课堂观察点是进行课堂观察的关键。例如，在"等差数列"第一课时的课堂观察前，可以制订针对学生在课堂中思考习惯的量表，反映学生讨论、笔记、计算、草稿、看书、查阅资料等状况，以及针对教师提问的有效性、学生在课堂中的活动情况、教学中师生互动情况、学生对核心知识的理解和运用情况等多个方面的观察量表，并用具体、翔实的数字进行记录。

2. 明确分工，团队合作

课堂观察是一个团队合作的过程，每位成员既彼此分工，又相互合作。通过合作，分清各小组的听课目标，在此基础上更明确地把握观察角度和观察重点，并通过对观察到的结果进行数据统计，得到有力的数据证明，从而更加客观地进行评价。观察小组通常提前一周进行分工，并进行观察前反思以及观察量表的制订，确保每位观察成员都能根据课堂观察主题和不同的分工设计完整的观察量表。

3. 重视反思，实现有效性

课堂观察中的反思不仅要反思教师的教学行为，也要反思学生的学习行为。观察不仅仅是观察教师和学生，还包括对课堂氛围、教学资源利用、师生互动等多方面的观察。在观察后进行集体交流与讨论，对通过反思发现的新问题查找原因，并通过共同讨论找出解决问题的对策，使得达成共识的成果能更好地为以后的课堂教学服务。

（三）课堂观察法在评价中的优势

1. 精准评价，提高教学效率

课堂观察法通过具体、翔实的记录，能够精准地捕捉教师的教学行为和学生的学习表现。这种细致入微的观察，不仅有助于教师全面了解学生的学习状态，还能及时发现教学过程中存在的问题。比如，当教师观察到某个学生在课堂中出现注意力分散的情况时，可以立即调整教学策略，如采用更加生动有趣的讲解方式、增加互动环节等，以有效吸引学生的注意力，从而提高教学效果。这种及时的反馈与调整，使得课堂教学更加灵活高效，确保了教学活动的针对性和有效性。

此外，课堂观察法还能够对教师的教学技能、课堂管理、师生互动等方面进行全面评价，为教师提供客观、准确的反馈。这种精准的评价有助于教师明确自身的优势与不足，为后续的教学改进提供有力的依据。

2. 促进反思，提升教学水平

课堂观察法不仅是对教学过程的记录和评价，也是一种促进教师自我反思和提升的有效手段。在观察前，教师需要明确观察的目的和重点，制订详细的观察计划；在观察中，教师要保持客观、公正的态度，认真记录观察到的现象；在观察后，教师需要对记录的数据进行整理和分析，反思自己的教学行为和学生的学习反应，从中发现问题、总结经验。

通过这种持续的反思，教师可以更加清晰地认识自己的教学风格和特点，发现自身在教学过程中的不足和短板。同时，教师还可以借鉴其他优秀教师的教学经验和方法，不断优化自己的教学策略，提升教学水平。这种基于实践的反思与提升，是教师专业成长的重要途径。

3. 激发学生兴趣，促进深度学习

课堂观察法不仅关注教师的教学行为，还着重考查学生的学习表现和学习效果。通过观察学生在课堂上的反应和表现，教师可以更加准确地了解学生的学习需求和学习兴趣。在此基础上，教师可以有针对性地调整教学内容和教学方法，以满足学生的个性化学习需求。

例如，当教师观察到学生对某个知识点表现出浓厚的兴趣时，可以进一步拓展相关知识，引导学生进行深度学习；当教师发现学生对某个教学环节感到困惑时，可以及时调整教学方法，采用更加直观、易懂的方式帮助学生理解。这种基于学生兴趣和学习需求的调整，不仅有助于激发学生的学习兴趣和积极性，还能促进学生的深度学习，提高他们的学习成效。

四、课堂教学互动中的评价技巧与反馈策略

课堂教学是知识传递与能力培养的核心环节。有效的课堂互动不仅能够激发学生的学习兴趣，还能促进师生间的深刻理解与沟通。在这一过程

中，评价技巧与反馈策略的运用显得尤为重要，它们是教师引导学生学习、调整教学策略，以及促进学生自我反思与成长的关键工具。以下探讨几种实用的课堂教学互动中的评价技巧与反馈策略。

（一）评价技巧

在现代教育体系中，课堂教学不仅仅是知识的传授，更是学生能力培养与个性发展的重要环节。有效的课堂教学互动不仅能够激发学生的学习兴趣，还能促进师生之间的深入理解和沟通。在这一过程中，评价技巧的运用显得尤为重要。

1. 多维度评价

多维度评价是指从多个角度、多个层面对学生的学习表现进行综合评价。传统的教学评价往往侧重于学生的知识掌握程度，以考试成绩为主要依据，这种单一维度的评价方式容易忽视学生的个体差异和全面发展。而多维度评价则能够更全面地反映学生的学习状况，具体体现在以下几个方面：

第一，知识与技能。评价学生是否掌握了课程内容，能否运用所学知识解决实际问题。

第二，过程与方法。关注学生在学习过程中的学习态度、学习策略、问题解决能力等。

第三，情感态度与价值观。评估学生对学习的热情、团队合作精神、责任感等非智力因素。

第四，创新能力与实践能力。鼓励学生提出新观点、新方法，通过实践活动检验其创新能力。

实施多维度评价时，教师应采用多样化的评价手段，如项目作业、小组讨论、口头报告、同伴评价、自我评价等，以确保评价的公正性和有效性。同时，多维度评价还要求教师具备较高的专业素养和敏锐的观察力，能够准确捕捉学生在不同维度上的闪光点，并给予恰当的反馈。

2. 正面引导

正面引导是指在教学过程中，教师通过积极的语言、态度和行为，激励学生发现自我价值，增强自信心，从而促进学生主动学习和持续发展。正面引导的评价技巧包括：

（1）具体表扬

针对学生的具体表现给予肯定，如"你的解题思路很清晰，特别是在解决复杂问题时展现出了出色的分析能力"。这样的表扬能让学生明确自己在哪方面做得好，从而更有方向性地提升自我。

（2）鼓励尝试

面对学生的错误或失败，教师应以建设性的态度引导学生从错误中学习，鼓励他们勇于尝试和冒险。例如，"这次实验虽然没成功，但你的尝试很有价值，我们可以一起分析原因，下次做得更好"。

（3）设置合理目标

帮助学生设定短期和长期的学习目标，并定期检查进度，给予必要的支持和指导。通过实现小目标，学生可以逐渐积累成就感，增强自我效能感。

（4）营造积极氛围

建立一个鼓励、尊重和支持的学习环境，让学生感受到被重视和接纳。教师应以身作则，展现对每位学生的关注和期待，用积极的态度感染学生。

正面引导的评价技巧要求教师具备高度的耐心、同理心和激励能力，能够敏锐地捕捉学生的进步和潜力，通过积极的反馈和适当的挑战，激发学生的内在动力，促进学生的全面发展。

（二）反馈策略

1. 即时反馈

即时反馈，顾名思义，是指在教学过程中，教师对学生的表现或回答给予迅速的反应。这种反馈方式能够立即告知学生其行为的正确性或错误之处，从而迅速调整学习策略。即时反馈的优势在于其即时性，它能够在学生记忆最为新鲜的时候给予指导，有效避免错误信息的固化。例如，在数学课上，当学生解答完一道题目后，教师立即检查答案并给予正确与否的反馈，可以帮助学生立即纠正思路偏差，加深对解题步骤的理解。

即时反馈还能通过正面鼓励增强学生的自信心，如对学生的正确回答给予肯定，即使是小进步也予以表扬，这样可以激发学生的内在学习动力，营造积极向上的课堂氛围。

2.具体反馈

具体反馈强调的是反馈内容的详细性和针对性。与简单的"对"或"错"不同，具体反馈要求教师对学生的表现进行细致分析，指出具体哪些地方做得好，哪些地方需要改进，并提供改进的具体方法。例如，在作文课上，教师不仅评价文章的整体水平，还应指出文章中用词是否恰当、逻辑是否清晰、结构是否合理，并给出具体的修改建议。

具体反馈有助于学生明确自己的长处与短板，为他们提供一条清晰的成长路径。通过具体反馈，学生能够更加精准地定位自己的学习目标，减少摸索的时间，提高学习效率。

3.个性化反馈

每个学生的学习风格、兴趣点、理解能力各不相同。因此，个性化反馈成为满足不同学生需求的关键。个性化反馈要求教师根据学生的个体差异，量身定制反馈内容，确保每个学生都能从反馈中获得适合自己的成长建议。

实现个性化反馈，教师需要深入了解每位学生的学习情况，包括他们的强项、弱点、兴趣偏好等。教师在此基础上可以设计差异化的学习任务，提供定制化的学习资源，甚至在评价时采用不同的标准和视角。例如，对于偏好视觉学习的学生，教师可以通过图表、视频等形式提供反馈；对于需要更多实践机会的学生，则可以设计更多动手操作的练习，并在实践中给予指导。

(三) 实施策略时的注意事项

1.保持开放态度

教师作为课堂的主导者，其心态的开放程度直接影响评价与反馈的有效性。保持开放的态度意味着教师需要摒弃传统的单向评价方式，鼓励学生积极参与到评价过程中。这要求教师不仅要认真听取学生的意见和建议，还要鼓励学生对评价提出疑问和反馈，形成良好的双向沟通机制。

例如，在课堂上进行小组讨论时，教师可以设计"同伴评价"环节，让学生相互评价彼此的表现，并鼓励他们在小组内分享自己的评价标准和理由。这样不仅能够增强学生的自我反思能力，还能让他们学会从他人的视角看待问题，培养批判性思维。同时，教师在总结时应以开放的态度接纳学生的反馈，适时调整自己的评价策略，使之更加符合学生的实际需求。

2. 持续学习与创新

教育是一个不断发展的领域，教育理念和学生需求的变化要求教师必须持续学习与创新，不断更新评价与反馈策略。参加专业培训是教师提升自我、紧跟时代步伐的重要途径。通过培训，教师可以接触最新的教育理念、评价技术和反馈策略，并将其应用于课堂教学实践中。

例如，随着信息技术的进步，教师可以利用在线平台进行实时评价，通过数据分析更精准地掌握学生的学习情况。同时，教师也可以探索更多元化的评价方式，如项目式学习、表现性评价等，这些评价方式不仅能够全面评估学生的能力，还能激发学生的学习兴趣和创造力。

此外，教师还可以尝试建立"成长记录袋"，记录学生在不同学习阶段的表现和进步，通过对比和分析，为学生提供个性化的反馈和建议。这种持续、全面的评价方式，有助于教师更准确地了解学生的学习状态，及时对教学策略做出调整，促进学生的全面发展。

3. 注重情感交流

在给予反馈时，情感的交流同样重要。教师的情感投入能够让学生感受到被尊重和理解，从而更加愿意接受反馈，积极改进。情感交流不仅体现在语言的温暖和鼓励上，还体现在教师的眼神、肢体语言以及与学生的日常互动中。

例如，当学生在课堂上表现出色时，教师可以给予及时的表扬和鼓励，让学生感受到成功的喜悦；当学生在学习中遇到困难时，教师应以耐心和理解的态度，与学生共同分析原因，寻找解决方案。在反馈时，教师可以用具体的例子说明学生的进步和需要改进的地方，让学生感受到教师的关注和期待。

此外，教师还可以通过组织班级活动、开展心理辅导等方式，增进与学生的情感联系，营造一个温馨、包容的学习氛围。在这样的氛围中，学生更愿意敞开心扉，接受教师的反馈，并积极学习。

总之，课堂教学互动中的评价技巧与反馈策略是教师专业能力的重要组成部分，它们不仅关乎教学效率与质量，更直接影响学生的成长与发展。通过灵活运用这些策略，教师可以创造一个更加积极、高效、个性化的学习环境，助力每一位学生的全面发展。

第三节 评价与教学改进

一、评价结果在教学实践中的应用

(一) 即时反馈与调整

即时反馈是教育过程中不可或缺的一环，它指的是在教学过程中，教师能够迅速、准确地获取学生的学习情况，并立即给予反馈，帮助学生认识自己的学习状态，及时调整学习策略。这种反馈机制的有效实施，依赖科学的评价工具和细致的观察分析。

1.技术辅助的即时反馈

现代教学技术，如在线测验平台、智能教学系统等，能够即时收集学生的学习数据，通过算法分析，为教师提供详尽的学生学习报告。这不仅包括分数、正确率等量化指标，还可能涵盖学生在解题过程中的思维路径、时间分配等非量化信息。教师据此可以迅速识别学生的学习难点和误区，及时给予针对性的指导。

2.动态调整教学策略

基于即时反馈，教师可以灵活调整教学计划，比如针对普遍存在的难点进行集体讲解，对个别学生的特殊需求进行个别辅导。这种动态调整有助于确保每个学生都能在适合自己的节奏下学习，避免因一刀切的教学方式造成的部分学生跟不上或感到无聊的情况。

(二) 个性化教学

每个学生都拥有不同的学习风格、兴趣偏好和能力水平。个性化教学正是基于这一认识，旨在通过精准识别学生的个体差异，量身定制教学内容和方法，以最大限度地发挥每个学生的潜能。

1.精准识别学生需求

评价结果，特别是包含深度分析的学习数据，为个性化教学提供了坚实的基础。通过分析学生的学习历史、偏好、强项和弱点，教师可以设计更符合学生特点的个性化学习计划，如推荐特定学习资源、设定个性化学习目标等。

2. 灵活多样的教学方法

个性化教学鼓励采用多种教学方法，如项目式学习、翻转课堂、一对一辅导等，以适应不同学生的学习需求。这些方法不仅关注学生的知识掌握，更重视培养其批判性思维、创新能力和自我学习能力，为学生的终身发展奠定基础。

3. 促进情感与动机的激发

个性化教学还强调对学生情感需求的关注，通过建立积极的师生关系、设置挑战性的学习任务等方式，激发学生的内在学习动机，增强学习的主动性和持久性。

(三) 课程目标与教学设计的优化

1. 精准定位课程目标

教学评价的首要任务是为课程目标提供反馈。通过对学生学习成果的评估，教师可以清晰地了解哪些目标已达成，哪些尚有差距。这种细致的反馈有助于教师精准定位课程目标，确保教学活动始终围绕核心能力培养展开。例如，若评价结果显示学生在理解某一教学概念上存在困难，教师便可调整课程目标，增加对该概念的深度讲解和练习，从而确保学生能够扎实掌握。

2. 优化教学设计

评价结果还能为教学设计的优化提供宝贵信息。教学设计包括教学方法的选择、教学资源的整合、教学活动的组织等多个方面。通过对学生学习过程的观察和分析，教师可以发现哪些教学设计策略有效促进了学生的学习，哪些则可能阻碍了学生的学习进程。基于此，教师可以对教学设计进行迭代优化，如采用更加互动的教学方式、引入更多元化的教学资源，或设计更具挑战性的学习活动，以激发学生的学习兴趣和参与度。

(四) 指导课程内容的调整

1. 紧贴学生需求

评价结果直接反映了学生对课程内容的掌握程度和兴趣点。通过分析评价结果，教师可以识别哪些课程内容深受学生欢迎，哪些则显得枯燥难懂。据此，教师可以对课程内容进行适时调整，确保课程内容既符合教学大纲要求，又能紧贴学生的实际需求和学习兴趣。例如，增加实践案例分析、引入最新科研成果或行业动态，都能使课程内容更加生动有趣，增强学生的学习动力。

2. 动态平衡难易度

课程内容的难易度是影响学生学习效果的关键因素之一。评价结果能够揭示学生在面对不同难度课程内容时的表现差异。若学生在某一章节的学习上普遍感到吃力，说明该部分内容可能过于复杂或超前，需要教师适当降低难度，增加辅助材料或分步讲解。相反，若学生轻松掌握某部分内容，且表现出较高的求知欲，教师则可考虑增加挑战性任务，深化学习深度，拓宽学习广度。通过动态调整课程内容的难易度，教师能够确保每位学生都能在适合自己的节奏下成长。

(五) 促进持续的课程迭代

教育是一个动态发展的过程，它不仅关乎知识的传授，更在于不断地适应与进化。课程设计作为教育的核心组成部分，同样需要不断地迭代升级，以适应学生需求的变化、科技进步的推动以及教育理念的发展。评价结果作为连接理论与实践的桥梁，为课程的持续改进提供了宝贵的方向和依据。

1. 评价结果是课程迭代的风向标

教学评价是对教学活动及其效果进行价值判断的过程，它不仅关注学生的学习成果，还关注教学方法、课程内容、学习环境等多个方面。通过定期收集和分析评价结果，课程设计者能够直观地了解哪些方面做得好，哪些方面需要改进。这种反馈机制是课程迭代不可或缺的一环，它帮助教育者形成一个持续的反馈循环，不断检验和调整课程设计假设。

2. 促进课程内容的前沿性

在快速变化的时代背景下，知识的更新速度日益加快。评价结果能够反映学生对课程内容的接受程度和兴趣点，从而指导课程设计者及时引入新的理论、技术和案例，保持课程内容的前沿性。例如，在信息技术课程中，通过学生反馈了解到他们对人工智能和大数据技术的浓厚兴趣，课程设计者可以适时增加相关模块，以满足学生的求知欲和未来的职业发展需求。

3. 增强课程的实用性

教育的最终目的是培养能够解决实际问题的学生。评价结果能够揭示课程内容与现实生活、工作实践的关联度，帮助课程设计者调整教学内容和方法，增强其实用性。例如，通过项目式学习、案例分析等评价方式，收集学生对课程实践环节的反馈，可以促使课程设计者更加注重理论与实践的结合，设计更多具有挑战性的实践任务，提升学生的动手能力和问题解决能力。

4. 提升课程的适应性

每个学生都有着不同的学习风格、兴趣和能力水平。评价结果能够反映学生的个体差异，为课程设计者提供调整教学策略的依据，以提升课程的适应性。例如，通过个性化学习路径和差异化教学评价体系，课程设计者可以根据学生的学习进度和表现，灵活调整教学内容的深度和广度，为每个学生提供最适合他们的学习资源和支持。

5. 构建高效、科学、人性化的课程体系

持续的课程迭代是一个复杂而系统的过程，它要求课程设计者具备敏锐的洞察力、科学的分析能力和创新的设计思维。评价结果作为这一过程的基石，为课程设计者提供了丰富的数据支持和改进方向。通过不断地收集、分析和应用评价结果，课程设计者能够逐步优化课程内容、教学方法和学习环境，构建一个既高效又科学，同时充满人文关怀的课程体系。这样的课程体系不仅能够满足学生的当前需求，还能够为他们的长远发展奠定坚实的基础。

二、基于评价结果改进教学的策略

在当今快速变化的教育环境中，教学评价不再仅仅是对学生学习成果的简单衡量，而是成为促进教师专业成长、优化教学方法和提升学生学习体验的重要手段。基于评价结果进行教学改进，不仅能够提高教育质量，还能更好地适应教育改革的需求。以下将探讨三种基于评价结果改进教学的策略：持续专业发展、建立反馈循环和技术辅助评价。

(一) 持续专业发展

教师应将评价结果视为自我反思和专业成长的宝贵资源。每一次的评价不仅是对学生学习成果的检验，更是对教师教学效果的反馈。通过深入分析评价结果，教师可以识别教学中的强项和薄弱环节，从而明确自身在专业知识和技能上的提升空间。

为了不断提升自身的教学水平，教师应积极参与各类专业发展活动。参加教育研讨会、工作坊和培训课程，可以帮助教师接触最新的教育理念和方法。阅读教育理论文献，可以拓宽视野，加深对教育规律的理解。与同行交流，则能分享经验，互相启发，共同进步。这些活动不仅能够丰富教师的专业知识，还能提升他们的教学技能和课堂管理能力，使其更好地适应教育改革的需求。

(二) 建立反馈循环

构建一个包含学生、教师、学校管理层及家长在内的多维度反馈机制，是确保评价信息全面性和准确性的关键。这一机制需要各方积极参与，形成一个持续改进的良性循环。

定期的师生会议是一个良好的反馈平台。教师可以通过这些会议了解学生对教学内容、方法和节奏的反馈，及时调整教学的方法。家长会是家校沟通的重要渠道，家长可以分享学生在家中的学习情况和心理状态，为教师提供更全面的学生画像。此外，利用在线平台，如学校论坛或家长微信群，可以实时收集各方的意见和建议，提高反馈的效率和便捷性。

通过这些反馈机制，教师可以获得多角度、多层次的评价信息，从而更准确地诊断教学问题，制订改进措施。同时，这种开放、透明的反馈文化还能增强学生的信任感和归属感，激发他们的学习动力。

(三) 技术辅助评价

现代信息技术，特别是学习管理系统（LMS）和大数据分析工具，为教学评价提供了前所未有的便利。这些技术不仅可以高效地收集和分析评价数据，还能为教师提供更精准的教学诊断和改进建议。

　　LMS 系统能够记录学生的学习轨迹、成绩和参与度，为教师提供详细的数据报告。通过大数据分析，教师可以挖掘学生的学习模式、偏好和潜在问题，从而制定针对性的教学策略。例如，对于在某个知识点上表现不佳的学生，教师可以设计额外的辅导材料或练习，帮助他们克服困难。

　　此外，技术还能支持更个性化的学习体验。通过智能推荐系统，学生可以获得符合自身水平和兴趣的学习资源，增强学习的主动性和参与度。这种个性化的学习方式不仅能够提高学习效率，还能激发学生的学习热情，培养他们的自主学习能力。

　　基于评价结果改进教学是一个系统工程，需要教师的持续专业发展、多维度的反馈机制和技术辅助评价的有机结合。通过这些策略的实施，教师可以不断提升自身的教学水平，优化教学方法，为学生提供更优质的教育服务。同时，这种持续改进的文化也将推动整个教育系统的不断进步，为培养未来社会的栋梁之材奠定坚实的基础。

第六章 教育教学体系设计

第一节 课堂教学结构的具体设计

一、目标制定设计

课堂教学作为教育体系中的核心环节，其成功与否直接关系到学生知识体系的构建与未来职业发展的基础。在这一过程中，教学目标的明确性与合理性显得更加重要。教学目标不仅是教师进行教学活动的指南针，更是学生学习的航标，其明确性直接关系到教学的效果与质量。因此，在制定课堂教学结构的目标时，必须深入考虑多个层面，确保目标的科学性与实用性。

第一，教学目标的制定应紧密结合课程的专业特点，致力于培养学生的专业素养，这包括但不限于对理论知识的深入掌握、对实际操作能力的熟练驾驭，以及对于专业领域内前沿动态的了解与把握。通过这样的目标设定，可以确保学生在完成课程学习后，不仅掌握了扎实的专业知识，还具备了解决实际问题的能力，为其未来的职业发展奠定坚实的基础。

第二，在制定教学目标时，需要充分考虑社会需求与行业动态。教育的最终目的是为社会培养人才，因此，教学目标的设定必须与社会需求紧密相连。学校需要密切关注行业的发展趋势，了解市场对人才的需求变化，以便及时调整教学目标，确保学生在毕业后能够迅速适应市场，具备在职业岗位上的竞争力。

第三，在具体的目标制定过程中，可以借鉴管理学中的"SMART"原则，以确保目标的明确性、可衡量性、可达性、相关性和时限性。具体而言，明确性要求将目标具体化、明确化，避免笼统和模糊；可衡量性则要求通过一定的标准或指标来衡量目标的达成情况；可达性意味着目标设定要考虑到学生的实际情况和能力水平，避免过高或过低；相关性则要求目标与教学内容、学生发展以及社会需求紧密相连；时限性则是为了确保目标能够在规定的时间内完成，避免无限期的拖延。通过遵循"SMART"原则，可以制定出既符合课程要求又符合学生发展需求的教学目标，这样的目标不仅有助于教师更清晰地了解教学的方向，制定更具针对性的教学策略，也有助于学生更好地理解自己的学习方向和发展方向，明确自己的学习任务和目标。

第四，教学目标的制定还应注重培养学生的综合素质和创新能力。在当今日益复杂多变的社会环境中，单一的专业技能已无法满足社会对人才的需求。因此，需要在教学目标中融入对学生综合素质和创新能力的培养要求，通过多样化的教学活动和实践项目，激发学生的创新思维和实践能力，使其成为具有社会责任感和创新精神的新时代人才。

总而言之，课堂教学结构的目标制定设计是一个复杂而细致的过程，需要从多个角度进行综合考虑。通过明确教学目标、结合社会需求、遵循"SMART"原则以及注重综合素质和创新能力的培养，可以制定出既科学又实用的教学目标，为培养高素质人才提供有力保障。

二、内容安排设计

课堂教学结构的设计是教育教学中至关重要的环节，它直接关系学生的学习效果与知识掌握程度。其中，教学内容的安排是这一结构中的核心要素，它涉及教材的选择、组织以及呈现方式等多个方面。教师作为课堂的主导者，其任务不仅在于传授知识，更在于引导学生形成独立思考和解决问题的能力。因此，教学内容的安排设计显得尤为重要。

第一，教师在设计教学内容时，应紧密结合教学目标，确保所选内容能够为实现教学目标提供有力支撑，这就要求教师对教学目标有清晰的认识，明确学生应掌握的知识点和技能点。在此基础上，教师应根据学科特点和学生的实际情况，合理选择和组织教材内容。在选择内容时，应注重内容的实用性，确保所教内容能够贴近实际应用，帮助学生更好地理解和掌握知识。

第二，理论与实践的结合是教学内容安排中的重要原则。理论知识是学科的基础，而实践应用则是检验理论知识的有效途径。因此，教师在设计教学内容时，应注重将理论知识与实践应用相结合，通过案例分析、实践操作等方式，引导学生将所学知识运用到实际中去，这不仅可以激发学生的学习兴趣，还可以提高学生的实际操作能力，为其未来的职业发展奠定坚实基础。

第三，教师在安排教学内容时，应关注学科的发展趋势和前沿动态。随着科技的进步和社会的发展，学科知识不断更新换代，新的理论和技术不断涌现。因此，教师应及时关注学科前沿动态，将最新的研究成果和技术引入课堂教学中，确保所传授的知识是最新、最前沿的，这不仅可以提高课堂教学的时效性，还可以拓宽学生的视野，培养其创新意识和创新能力。

第四，在内容安排的设计过程中，教师需注意横向和纵向的衔接。横向衔接指的是不同课程之间的关联性和互补性，教师应确保所教内容与其他课程相互呼应、相互补充，"教学管理质量标准是完善高校内部教学质量保障体系的基础，高校在全面质量管理理论的指导下，运用一定的制度、规范、标准等对教育教学活动进行控制，从而实现教学质量的持续提升"[1]，形成之间的层次性和连贯性，教师应按照学生的认知规律和学科知识的逻辑结构，合理安排教学内容的顺序和深度，帮助学生逐步构建系统的专业知识体系。

第五，为了更好地培养学生的实际操作能力，教师还可以设计一定的实践环节，这些实践环节可以包括实验、实习、课程设计等多种形式，旨在通过实际操作让学生巩固理论知识，提高实际应用能力。在实践环节的设计中，教师应注重实践内容的针对性和实用性，确保学生能够在实践中真正掌握和运用所学知识。同时，教师还应加强对实践环节的指导和监督，确保实践活动的有效性和安全性。

总而言之，课堂教学结构的内容安排设计是一项复杂而重要的任务。教师需要紧密结合教学目标和学科特点，合理选择和组织教材内容，注重理论与实践的结合，关注学科的发展趋势和前沿动态，加强横向和纵向的衔接，设计实践环节等多种方式，以提高学生的学习效果和实际应用能力。只有这样，才能构建出高效、实用的课堂教学结构，为学生的全面发展提供有力保障。

三、教学方法设计

在教学中，课堂教学方法的选择与运用对于提升教学质量、激发学生的学习兴趣以及培养他们的自主学习能力具有极其重要的意义。一个合理而

---

① 黄曲曲.如何开展学校教学管理的内部控制审计 [J].时代金融，2019(13)：88.

有效的课堂教学结构，不仅有助于教师更好地传授知识，还能让学生在轻松愉快的氛围中掌握技能，实现知识与能力的双重提升。

第一，教学方法的选择并非一成不变，而是需要根据教学内容、学生特点以及教学目标进行灵活调整。因此，在课堂教学中，应充分利用"多元智能理论"的指导，根据不同学生的智能类型和特点，选择适合他们的教学方法。例如，对于语言智能较强的学生，可以采用讲授与讨论相结合的方式，让他们在课堂上充分表达自己的观点；对于逻辑数学智能较强的学生，可以设置更多的问题解决和逻辑推理环节，激发他们的思维活力；而对于空间智能较强的学生，则可以通过实物展示和空间模拟等方式，帮助他们更好地理解抽象概念。

第二，不同的课程内容也需要采用不同的教学方法。对于理论性较强的知识点，可以采用讲授法，通过教师的系统讲解，帮助学生建立完整的知识体系；对于实践性较强的知识点，则可以采用案例分析法或小组合作学习法，让学生在分析和解决问题的过程中，提升实际操作能力和团队协作能力。此外，还可以结合课程内容的特点，采用项目式学习、探究式学习等创新教学方法，让学生在实践中学习，在探索中成长。

第三，课堂教学方法应注重信息技术的应用。随着科技的不断发展，现代教学手段如多媒体教学、虚拟实验等已经广泛应用于课堂教学中，这些教学手段不仅能够丰富教学内容，使教学更加生动形象，还能通过模拟真实场景，帮助学生更好地理解和掌握知识点。例如，在机械工程类课程中，可以利用虚拟现实技术模拟机械运动过程，让学生在虚拟环境中进行实践操作，从而加深对机械原理的理解。信息技术的应用并不意味着要完全摒弃传统的教学方法；反之，应该将传统与现代相结合，充分发挥各自的优势。例如，在利用多媒体进行展示的同时，还可以通过板书或实物展示来强化学生的记忆；在利用虚拟实验进行模拟操作的同时，还可以通过实际操作来检验学生的掌握情况。

第四，教学方法的设计还应注重培养学生的自主学习能力。在教学过程中，教师应鼓励学生积极参与课堂活动，主动提出问题并寻求解决方案。同时，教师还应为学生提供足够的学习资源和指导，帮助他们建立自我学习的意识和能力。

总而言之，课堂教学方法的设计是一个复杂而重要的任务，需要根据教学内容、学生特点以及教学目标进行灵活调整和创新设计，采用灵活多样的教学方法和信息技术手段，以激发学生的学习兴趣、提高他们的学习积极性并培养他们的自主学习能力。只有这样，才能构建出高效、生动、富有活力的课堂教学环境，为培养高素质的技术技能人才奠定坚实的基础。

四、评价体系设计

课堂教学结构的评价体系设计，作为教育领域中一项至关重要的任务，对于提升教学质量、促进学生全面发展具有不可忽视的作用。评价作为对学生学习情况进行全面、客观评估的手段，不仅是对学生学习成果的检验，更是对教学方法和效果的反馈，对于推动教学改革、优化教学过程具有重要意义。

第一，一个科学合理的评价体系应当具备全面性和多元性，这意味着评价体系不仅应关注学生对知识的掌握程度，还应涵盖其实际操作能力、团队协作能力、创新能力以及情感态度等多方面的表现，这样的评价体系能够更全面地反映学生的综合素质，为教师和学校提供更准确的教学反馈。

第二，在构建评价体系时，可以从多个维度出发，设计相应的评价指标和评价标准。例如，针对知识水平，可以通过定期考试、课堂测验等方式进行评价；对于实际操作能力，可以通过实验报告、项目完成情况等进行评估；而对于团队协作能力和创新能力，则可以通过小组讨论、团队合作项目、创新竞赛等形式进行评价，这些评价方式不仅能够帮助教师更全面地了解学生的学习情况，还能够激发学生的学习兴趣和积极性。

第三，评价体系的设计应注重可操作性和实用性，这意味着评价方法应简单易行，易于操作，同时又能够有效地反映学生的学习成果。为此，可以结合课堂教学实际，灵活运用各种评价手段，如观察记录、问卷调查、访谈交流等，以确保评价结果的客观性和准确性。

第四，在评价体系的设计过程中，应注重反馈机制的建立。及时给予学生学习成绩和反馈意见，能够帮助学生更好地了解自己的学习状况，发现自身存在的问题和不足，从而调整学习策略，提高学习效果。同时，教师也可以通过反馈机制了解学生对教学内容的理解和掌握情况，以便及时调整教学方法和策略，更好地满足学生的学习需求。

第五，评价体系的设计可以考虑引入多元化评价手段。例如，可以邀请同行专家或企业代表参与评价过程，提供外部视角的评价意见，以增加评价的客观性和公正性。此外，还可以利用现代信息技术手段，如大数据分析、人工智能等，对学生的学习数据进行挖掘和分析，以更深入地了解学生的学习特点和需求，为个性化教学提供依据。

值得注意的是，评价体系的设计并非一蹴而就的过程，而需要在教学实践中不断完善和优化，需要根据学生的学习情况、教师的教学反馈以及社会发展的需要，对评价体系进行定期修订和调整，以确保其始终保持与时俱进的状态。

总而言之，课堂教学结构的评价体系设计是一项复杂而重要的任务，需要从多个维度出发，构建全面、多元、可操作的评价体系，并注重反馈机制和多元化评价手段的引入，以推动教学质量的提升和学生的全面发展。同时，还需要在实践中不断探索和完善评价体系的设计与实施过程，以适应不断变化的教育环境和需求。

五、教学环境与资源支持设计

在现代教育体系中，课堂教学结构的设计是一项至关重要的任务，它直接关系到学生的学习效果以及教育目标的实现。而在其中，教学环境与资源支持设计又扮演着举足轻重的角色。教学环境不仅关乎学生的学习体验，更直接影响到教学质量和效果；而教学资源的丰富程度与适配性，则是课堂教学能否达到预期目标的重要保障。

(一) 教学环境设计

教学环境是指在教学过程中，学生所处的物理和心理空间的总和。一个理想的教学环境应当既能满足学生的学习需求，又能激发他们的学习兴趣和积极性，这就要求学校在教学场所的布局、设备配置、色彩搭配、光照条件等多个方面都要进行精心的考虑和设计。教学场所的布局应根据不同课程的特点和需要，合理安排桌椅的摆放、黑板或多媒体设备的位置，以及通道的宽窄等。例如，对于需要小组讨论的课程，可以采用圆桌式或U型桌的布局，以便于学生之间的交流与合作；而对于需要演示操作的课程，则应确保演示区域足够宽敞，以便学生能够清楚地看到操作过程。在设备配置上，除了基本的桌椅、黑板或白板外，还应根据课程需要配备多媒体设备、实验器材等，这些设备不仅可以提高教学效率，还可以增强教学的直观性和趣味性，从而激发学生的学习热情。教学环境设计还应考虑到学生的心理需求。比如，通过合理的色彩搭配和光照条件，可以营造出一种温馨、舒适的学习氛围，有助于缓解学生的学习压力，提高他们的学习效率。

（二）教学资源设计

教学资源是保障课堂教学顺利进行和取得良好效果的重要条件。教学资源不仅包括教材、教辅资料等传统的纸质资源，还包括实验器材、实习岗位、网络资源等多元化的教学资源。

第一，教材的选择应基于课程目标和学生的实际情况，确保内容准确、结构清晰、难度适中。同时，教辅资料也应与教材相配套，为学生提供丰富的学习素材和练习题。

第二，实验器材和实习岗位等实践性教学资源对于提高学生的实际操作能力和职业素养具有重要意义。因此，学校应与企业建立紧密的合作关系，引入企业资源，为学生提供更多的实践机会。通过参与企业的实际项目或实习活动，学生可以更深入地了解职业要求，增强自己的实际操作能力。

第三，随着信息技术的快速发展，网络资源已成为现代教学中不可或缺的一部分。教师可以通过网络平台发布课程资料、布置作业、组织讨论等，而学生则可以利用网络资源进行自主学习、拓宽知识视野。因此，学校应加强对网络教学资源的建设和管理，确保资源的质量和安全性。

总而言之，课堂教学结构的教学环境与资源支持设计是一项复杂而重要的任务，它需要综合考虑教学环境的物理和心理因素，以及教学资源的多元化和适配性。通过科学合理地设计教学环境和教学资源，可以为学生创造一个更加优质、高效的学习环境，促进他们的全面发展和成长。

六、师资队伍构建设计

优秀的师资队伍是课堂教学质量的基石，它直接关系到学生的学习效果与成长。因此，如何构建一支具备专业素养、实践经验丰富且教学方法灵活的师资队伍，成为当前教育领域亟待解决的问题。在课堂教学中，教师不仅是知识的传授者，更是学生思维的引导者、情感的陪伴者，这就要求教师必须具备扎实的专业知识，能够深入浅出地讲解课程内容，使学生能够真正理解和掌握。同时，教师还需要具备丰富的实践经验，能够将理论知识与实际案例相结合，帮助学生形成对知识的直观感知和实践应用能力。

第一，为了提升教师的专业素养和教学水平，学校应加强师资队伍建设，这包括但不限于以下方面：一是加强教师的职业培训，通过定期举办教学研讨会、教学观摩等活动，让教师在交流中不断提升自己的教学理念和教学方法；二是鼓励教师参与学科研究，通过科研活动提升教师的学术素养和创新能力；三是建立激励机制，对在教学和科研方面取得突出成绩的教师给予表彰和奖励，激发教师的积极性和创造力。

第二，为了丰富学生的实践经验，学校还可以邀请业界专业人士参与教学工作，这些专业人士具备丰富的行业经验和前沿知识，能够为学生提供更为真实的实践环境和更具针对性的职业指导。通过与业界专业人士的深入合作，学校可以构建行业导师制度，为学生提供一对一的指导，帮助学生了解行业动态和就业前景，从而更好地规划自己的职业发展。

第三，学校与企业之间的深度合作也是提升师资队伍水平的有效途径。通过校企合作，学校可以了解企业的实际需求，根据需求调整课程设置和教学内容，使教学更加贴近实际。此外，企业还可以为学校提供实践基地和实习机会，让学生在实践中学习和成长，这种深度合作不仅有助于提升师资队伍的实践水平，还能够增强学校与社会的联系，提升学校的整体办学水平。

第四，在构建师资队伍的过程中，需要关注教师的个人成长与发展。教师作为教育工作者，其个人成长与教学质量息息相关。学校应关注教师的职业规划和发展需求，为教师提供多元化的职业发展路径和成长机会。例如，可以通过设立教学名师、学科带头人等荣誉称号，激励教师在教学和科研方面不断追求卓越；同时，也可以为教师提供参加国内外学术会议、访学交流等机会，拓宽教师的学术视野和人际网络。

总而言之，课堂教学结构的师资队伍构建设计是一项复杂而系统的工程，它需要学校从多个方面入手，加强教师的职业培训、鼓励参与学科研究、邀请业界专业人士参与教学、深化校企合作以及关注教师的个人成长与发展。只有这样,才能构建一支具备专业素养、实践经验丰富且教学方法灵活的师资队伍,为课堂教学质量的提升提供有力保障。

七、课程改革与创新设计

在当今日新月异的时代背景下,教育作为社会发展的重要基石,其课堂教学结构的课程改革与创新设计显得尤为重要,这不仅是教育自身发展的内在需求,还是适应社会发展、满足职业需求变化的必然选择。

(一) 课程改革设计

随着科技的高速发展和社会的不断进步,传统的课程内容已难以满足现代教育的需求。因此,课程改革成为课堂教学结构优化的首要任务。具体而言,课程改革需要从以下方面进行。

第一,课程内容需要不断更新。传统的课程内容往往过于陈旧,与现代社会和职业需求脱节。因此,需要根据社会发展的新要求和职业发展的新趋势,及时对课程内容进行调整和更新。例如,可以引入前沿科技知识、新兴行业动态等内容,使学生能够更好地适应未来社会的发展。

第二,课程评估与反馈机制的建立至关重要。定期的课程评估可以了解学生对课程的满意度和学习效果,从而发现教学中存在的问题和不足。同时,通过收集学生的反馈意见和就业情况,可以更准确地把握课程改革的方向和重点。在此基础上,可以及时调整课程内容和教学方法,以更好地满足学生的需求和社会的期望。

第三,借鉴先进的教育理念和经验是课程改革的重要途径。通过学习国外先进的课程设计理念、教学方法和评价机制,结合本国实际情况进行创新和改进;引入新的教学手段和技术,如在线教育、混合式教学等,可以提高课程的吸引力和实用性,激发学生的学习兴趣和积极性。

(二) 教学创新设计

教学创新设计是课堂教学结构改革的重要方面。在教学方法上,需要摒弃传统的灌输式教学模式,引入更为灵活多样的教学方法。例如,项目式教学和问题导向学习等方法可以激发学生的学习兴趣和主动性，培养他们的创新能力和实际解决问题的能力，这些教学方法注重学生的参与和合作，通过实际操作和问题解决来提高学生的综合素质和能力水平。同时，跨学科融合也是创新设计的重要方向。在现代社会中，许多问题的解决需要综合运用多个学科的知识和技能。因此，需要打破学科壁垒，促进不同学科之间的交流和融合。在课堂教学中，可以通过设计跨学科的综合课程和项目，让学生在不同学科的交叉点上形成更为综合的视野和思维方式，这不仅可以提高学生的学习兴趣和动力，还可以培养他们的综合素质和创新能力。

在具体实施上，可以从以下方面进行尝试：①加强师资培训，提高教师的跨学科素养和教学能力；②优化教学资源配置，为跨学科教学提供必要的支持和保障；③加强学科间的交流与合作，促进不同学科之间的资源共享和优势互补。

总而言之，课堂教学结构的课程改革与创新设计是一项长期而艰巨的任务，需要在不断更新课程内容、引入先进的教育理念和技术手段、优化教学方法和跨学科融合等方面进行深入研究和探索。只有这样，才能构建出更加适应社会发展、满足学生需求的课堂教学结构，为培养具有创新精神和实践能力的高素质人才奠定坚实基础。

第二节　教育教学的多元模式设计

一、教育教学多元模式设计的理论基础

在今日的教育领域中，教育教学的多元模式设计已成为推动教育改革、提升教育质量的关键策略。随着社会的快速发展和科技的日新月异，传统的单一教学模式已难以满足现代教育的多元化需求。因此，探讨教育教学的多元模式设计，对于提升学生的学习兴趣、培养学生的综合素质以及促进教育公平具有深远的意义。教育教学多元模式设计的理论基础主要源于人本主义、建构主义以及多元智能理论等。人本主义强调以学生为中心，关注学生的情感、态度和价值观的培养；建构主义则认为知识是学生在与教师、同伴及环境的互动中建构而成的；而多元智能理论则主张每个学生都拥有多种智

能，且这些智能之间存在差异，这些理论为教育教学多元模式设计提供了坚实的理论支撑，使得教育者能够根据学生的个体差异和多元需求，设计出更加灵活、多样化的教学模式。"学校要想保证和提高教育质量，必须确定教育质量的目标，这一目标既是教育质量的出发点又是教育质量的归宿，具有很强的导向作用"[①]。

二、教育教学多元模式设计的实践探索

第一，项目式学习模式。项目式学习模式是一种以学生为主导，通过完成实际项目来达成学习目标的教学模式。在这种模式下，学生需要围绕一个真实的、具有挑战性的问题或任务，通过小组合作、探究学习等方式，综合运用所学知识和技能来解决问题，这种模式不仅能够激发学生的学习兴趣和主动性，还能够培养学生的创新能力和实践能力。

第二，翻转课堂模式。翻转课堂模式是一种将传统课堂中的讲授环节与课后作业环节进行颠倒的教学模式。在课前，学生通过观看教学视频、阅读相关资料等方式进行自主学习；在课堂上，教师则组织学生进行讨论、交流和实践等活动，以加深对知识的理解和应用，这种模式能够有效地提高学生的学习效率和自主学习能力，同时也能够增强师生之间的互动和合作。

第三，混合式学习模式。混合式学习模式是一种将在线学习与面对面学习相结合的教学模式。在这种模式下，学生既可以通过在线平台进行自主学习和互动交流，又可以在实体课堂中接受教师的指导和帮助，这种模式能够充分发挥在线学习和面对面学习的优势，为学生提供更加灵活、个性化的学习体验。

第四，协作式学习模式。协作式学习模式强调学生之间的合作与互动，通过小组讨论、角色扮演、共同完成任务等方式，培养学生的团队合作精神和沟通能力，这种模式有助于激发学生的思维火花，让他们在共同解决问题的过程中相互学习、共同进步。

三、教育教学多元模式设计的实施策略

第一，深入了解学生需求。在实施教育教学多元模式设计时，教育者

① 沈宁.关于新时期加强学校信息管理化的思考 [J].中国管理信息化，2018，21(20)：211.

需要深入了解学生的需求、兴趣和特点，以便为他们提供个性化的学习体验。通过问卷调查、访谈等方式收集学生的反馈信息，不断调整和优化教学模式，以满足学生的多元化需求。

第二，加强教师培训。教师是实施教育教学多元模式设计的关键力量。因此，需要加强教师的培训和教育，提高他们的专业素养和教学能力。通过组织研讨会、分享会等形式，让教师了解最新的教育理念和教学方法，以便更好地指导学生的学习。

第三，优化教学资源配置。教育教学多元模式设计需要充分利用各种教学资源，包括教材、教学设备、网络资源等。因此，需要优化教学资源的配置，确保各种资源能够得到有效利用。同时，还需要加强学校与社区、企业等外部机构的合作，为学生提供更加丰富的学习资源和实践机会。

四、教育教学多元模式设计的挑战与对策

尽管教育教学多元模式设计具有许多优势，但在实施过程中也面临着一些挑战。例如，不同学生的学习能力和兴趣差异较大，如何确保每个学生都能从中受益是一个难题；同时，教学模式的变革也需要教育者付出更多的时间和精力来适应和学习新的教学方法。针对这些挑战，可以采取以下对策：首先，建立完善的学生评估机制，通过定期评估学生的学习进展和反馈意见，及时调整和优化教学模式；其次，加强教育者的专业培训和团队建设，提高他们的教学水平和团队协作能力；最后，积极寻求外部支持和合作，利用社会资源来丰富教学内容和形式。

五、教育教学多元模式设计的未来展望

随着科技的不断进步和社会需求的不断变化，教育教学多元模式设计将呈现出更加广阔的发展前景。未来，可以期待更多的创新教学模式涌现出来，如虚拟现实技术在教学中的应用、人工智能辅助教学等，这些新技术和新方法将进一步丰富教学形式和手段，提高教学效果和质量。同时，教育教学多元模式设计也将更加注重学生的个体差异和全面发展。教育者将更加关注学生的情感、态度和价值观的培养，注重培养学生的创新思维和实践能力。通过多元化的教学模式和个性化的学习体验，为学生的全面发展提供有

力支持。

　　总而言之，教育教学的多元模式设计是教育改革的重要方向之一。通过深入探索和实践，可以为学生提供更加优质、灵活和个性化的学习体验，促进他们的全面发展和社会适应能力的提升。在未来的发展中，需要不断创新和完善教育教学多元模式设计，以适应社会的变化和学生的需求，为培养具有创新精神和实践能力的新时代人才贡献力量。

第七章 教育核心体系建构

第一节 教育原理中的核心内容分析

学前教育是一种社会现象，也是一项社会活动。我国的学前教育是国家教育体系的重要构成部分，是国家学校制度的基础阶段。学前教育的目的一方面在于保证幼儿身心健康，促进幼儿和谐、全面地发展，为培养社会主义事业的建设者和接班人打基础、做准备；另一方面在于为幼儿家长解除后顾之忧，有利于解放劳动力，使家长更潜心于物质财富和精神财富的创造。当今社会，学前教育越来越受到公众的关注，已成为文明社会不可缺少的一个教育阶段。

教育按受教育者的年龄层次划分，可分为胎教、新生儿教育、托儿所教育、幼儿园教育、小学教育、中学教育、大学教育及多种多样的社会教育。我国的学前教育主要指对 0~6 岁年龄段的儿童所实施的教育，包括 0~3 岁婴儿的早期教育和 3~6 岁幼儿的学前教育。0~3 岁婴儿的学前教育一般在家庭、托儿所和早教中心进行，3~6 岁幼儿的学前教育则是在幼儿园实施的。

一、学前教育的现实价值

价值就是满足人们需要的关系属性。学前教育不仅有利于开发婴幼儿的学习潜能、提高学习兴趣、增强学习能力、促进学前儿童较好地适应以后的学习生活，为其终身的发展打造一个良好的开端，而且是提高国民素质、提高国家经济实力的最具有前瞻性的战略决策。学前教育阶段是人生最重要的训练和装备心灵的阶段，为人的一生做重要的奠基。它涉及各种潜能的发掘、各种意志品质的培养、各种必要生活经验的习得、各种良好习惯的养成。学前教育对于人的发展的价值是学前教育诸多价值中最核心、最根本的，它对于教育事业、家庭和社会发展的价值都是以其对于人的发展的价值为中介来实现的。

（一）为幼儿的身体发展奠定良好基础

在学前期，幼儿处于生长发育的重要时期与特殊阶段。身体的生长发育速度快，身体各部分器官与系统尚未发育成熟，身体形态结构没有定型，幼儿的动作不够协调，独立生活能力差。"学前教育遵循幼儿身体生长发育规律，通过科学安排幼儿生活、预防疾病、平衡膳食、加强体育锻炼等措施，能够促进幼儿身体的正常发育，加强机体的机能及对外界的适应能力，增强体质，并为幼儿未来的发展奠定良好的基础"[1]。

（二）持续影响幼儿社会性品质的发展

学前期是个体社会化的起始阶段，6岁前是人的行为习惯、情感、态度、性格雏形等基本形成的时期，是儿童养成良好社会性行为和人格品质的重要时期。这一时期儿童的发展状况影响并决定着儿童今后社会性的发展方向、性质和水平。高质量的学前教育能够有力地促进儿童社会交往能力、爱心、责任感、自控力、自信心和合作精神的发展，帮助儿童积极地适应环境，顺利地适应社会生活，对儿童的各方面发展产生持续性影响，从而有助于他们的健康成长。

（三）对塑造幼儿个性有着重要的作用

在幼儿时期，孩子的个性品质开始萌芽并逐渐形成。幼儿有自己独特的视角，有自己独有的想法，自我意识逐渐萌芽，他们具有很强的可塑性，是最易发展、最易受挫的时期。学前教育在关注幼儿全面发展的同时，注重幼儿的个性彰显，为幼儿营造一个宽松和谐、平等激励的环境，以正确的思维模式对幼儿加以引导，有效地塑造幼儿初步的个性态度和思想理念，树立幼儿的自信心与上进心，培养幼儿的创新意识与探究精神，鼓励幼儿自由思考。学前教育能够从新的角度探索、思考和讨论新的问题，使幼儿的个性品质得到最专业、最科学的塑造。

---

[1] 滕宇，王艳红.学前教育原理与实践[M].北京：北京理工大学出版社，2018：4.

(四) 培养幼儿对生活中事物的求知欲

学前期是人的认知发展最为迅速、最重要的时期，在人一生认识能力的发展中具有重要的奠基性作用。婴幼儿具有巨大的学习潜力，学前期幼儿主动学习知识，是学口语、交际成熟化、掌握知识概念最快速的阶段，同时，幼儿的想象力、创造力十分丰富，动手实践能力很强，是逐渐挖掘潜力、开发智力的有利时机。

学前教育为儿童提供丰富的感性经验并给以积极的引导，促成学前教育与儿童协调发展与连接，形成相互促进的联动关系。学前教育的质量还直接关系到儿童能否形成正确的学习态度、良好的学习习惯和强烈的学习动机，从而对个体的认知发展和终身学习产生重大影响。适宜的、遵循儿童身心发展规律的学前教育能够积极地促进儿童各种智力和非智力因素，特别是语言能力、思维能力、创造性、学习动机、求知欲、自我效能感等的发展，有效地激发儿童探究世界的学习欲望，良好地诱导儿童认知结构的发展，给幼儿潜力充分发挥的空间。

二、学前教育遵循的原则

教育原则是反映教育规律的，在教育系统内部制约和指导教育的基本法则和标准。学前教育的基本原则包括两个部分：一部分是与其他教育阶段 (如中、小学教育) 共有的，如尊重儿童的人格尊严和合法权益的原则、发展适宜性原则、因材施教原则等；另一部分是它所独有的、与其他教育不同的特殊原则。

(一) 保教结合的原则

"保教结合"在幼儿园是一种教育思想，也是一条教育原则，这是由幼儿身心发展的统一性所决定的，也是学前教育工作规律所要求的。贯彻保教结合原则是我国教育方针在学前教育中的具体体现。贯彻这一原则，应当注意以下两点：

第一，保育和教育是幼儿园两大方面的工作。保育主要是为幼儿的生存、发展创设有利的环境和提供物质条件，给予幼儿精心的照顾和养育，帮助其身体和技能良好地发展，促进其身心健康地发展；教育侧重在培养幼儿良好的行为习惯、态度，发展幼儿的认知、情感、能力，引导幼儿学习必要的知识技能等。这两方面构成了幼儿园教育的全部内容。

第二，保育和教育工作互相联系、互相渗透。幼儿园保育和教育不可分割的关系是由幼教工作的特殊性和幼儿身心发展的特点决定的。虽然保育和教育有各自的主要职能，但并不是截然分离的。教育中包含了保育的成分，保育中也渗透着教育的内容。保育和教育不是分别孤立地进行的，而是在统一的教育目标指引下，在同一个教育过程中实现的。在实践中应做到"教"中有"保"，"保"中有"教"，二者并举、有机结合，渗透于幼儿的一日生活和全部教育活动之中，统一在幼儿的全面发展上。

教师应从幼儿身心发展的特点出发，在全面、有效地对幼儿进行教育的同时，重视对幼儿生活上的照顾和保护，保教合一，确保幼儿健康、全面地发展。

（二）以游戏为活动的原则

基本活动是指在人生的某个阶段，其出现频率最高，对人的生存发展最有价值、最适合所在年龄阶段的活动。游戏最符合幼儿身心发展的特点，最能满足幼儿的需要，能有效地促进幼儿发展，具有其他活动所不能替代的教育价值。贯彻这一原则，应当注意以下两点：

1. 游戏是儿童最好的学习方式

"幼儿园以游戏为基本活动"符合现代学前教育的基本原理。对于学前幼儿而言，游戏也是一种学习，它是一种更重要、更适宜的学习。幼儿在游戏中感知和探索周围世界，模仿和演练社会行为规范。各种游戏活动为幼儿身体、智能、道德品质、情感、创造性发展提供了学习的平台，是他们成长的重要手段。幼儿园生活中，必须从时间、场地、玩具材料及教师指导等各方面保证幼儿各种游戏的正常开展。

2. 游戏是学前教育内容与形式的结合

游戏既是学前教育活动的内容，又是学前教育实施的途径。教学活动中可以通过游戏的形式巩固幼儿所学的知识、技能。通过游戏给幼儿一定的自主性，以达到激发幼儿学习的兴趣，使之产生愉快的情绪体验，增强教育效果。为使学前教学活动更适合幼儿的需要，更能发挥教育的作用，必须寓教育于游戏之中，把游戏的因素渗透到各种活动中，将游戏形式贯穿于教育活动的全过程。

(三) 一日生活整体教育的原则

幼儿园一日生活包括由教师组织的活动 (如幼儿的生活活动、劳动活动、教学活动等) 和幼儿的自主自由活动 (如自由游戏、区域活动等)。一日生活中的各种活动是完成体、智、德、美全面发展教育的需要，具有保育和教育的双重意义。每种活动不是分离地、孤立地对幼儿发挥影响力的，幼儿一日生活中教育手段的多样性也有利于幼儿接受教育。合理安排幼儿的一日生活是幼儿学习与发展的基本保证。贯彻这一原则，应当注意以下两点：

1. 教育生活化

教育生活化是指将富有教育意义的生活内容纳入课程领域。例如，课程安排按照学前教育机构生活的自然秩序展开，课程内容可以依据节日顺序展开，或者依据时令、季节变化规律来组织课程等。加强教育同生活的联系，将学前儿童在各种情境中的经验加以整合，不论是日常生活中学习积累的，还是在非日常生活中应该了解和认识的，都纳入课程组织结构中加以统整。此外，活动的内容选择、活动的实施等都要注意生活化。

2. 生活教育化

生活教育化是指将学前儿童已经获得的原有经验在生活中进行适时引导，以促进学前儿童的发展。在学前教育机构中，在成人看来并不重要的小昆虫、小石子、树叶等各种各样的自然物，都是学前儿童眼中的宝贝。教师若能对学前儿童的世界加以观察，并将这些内容有效地组织起来，会使学前儿童在感知生活的过程中得到发展。故教育活动设计不仅仅是课堂教学活动的设计，还应该包括一日活动的各个环节，寓教育于一日活动中，及时抓住机会对儿童实施教育。通过帮助儿童组织已经获得的零散的生活经验，使经验系统化、完整化。

在幼儿园里，教师要全面负责幼儿的整个活动，不仅要照料幼儿的生活起居、饮食睡眠，要指导他们进行身体锻炼，关心他们的身心健康，还要指导他们开展游戏、劳动、散步等各项活动，促进他们在智力、情感、社会文化等方面的发展。要贯彻"一日生活皆教育"的理念，教师就要全面了解幼儿各年龄段和各领域的行为发展，重视学习环境的创设，使幼儿真正能在与环境材料的互动中学习，还要丰富活动资源，细化一日生活的具体要求，在过渡环节方面精心设计，寻求幼儿自主与教师安排的平衡点，努力使幼儿的学习与发展得到具体的落实。

上述各原则是彼此密切联系、相互渗透、不可分割的整体，教师在学前生活实践中应当综合运用，并贯穿于学前教育的全过程。

第二节　儿童活动与游戏的开展

一、学前教育中儿童活动的开展

(一)区域活动的开展

区域活动以其独特的"自由、自主、宽松、愉快"的活动形式深受幼儿的欢迎，为幼儿提供充分的自主活动的表现机会，最适合让幼儿进行个性化的学习，从中凸显其优势智力。区域活动也叫区角活动，是指在一定的教育思想指导下，由教师为幼儿提供合适的活动场地、材料、玩具和学具等，让幼儿自由选择活动内容，通过操作、发现、讨论等活动来获得知识、发展能力的一种活动形式。

1.区域活动的开展特性

(1)自由性。区域活动让幼儿依靠自身的能力，通过对各种材料的摆弄、操作去感知、思考，寻找问题的答案。幼儿可根据自己的兴趣、意愿、能力自行选择活动，自由结伴、自由选择、自由活动，促进儿童在不同的水平上获得相应的发展。

(2)自主性。区域活动中，幼儿自主决定游戏的材料、方式、内容及玩伴，按自己的方式和意愿进行。区域活动是自我学习、自我探索、自我发现、自我完善的活动，可以充分发挥幼儿的主体作用，让幼儿成为自己真正的主人。

(3)个性化。教师通过设置各类活动区域，安排各种活动内容，满足不同发展水平幼儿的需要，并根据幼儿的实际水平进行针对性的指导与帮助，使幼儿在不同的水平上获得不同的经验，让每个幼儿在原有水平上实现自己富有特色的发展。

（4）指导的间接性。区域活动中教师退至幼儿的后面，幼儿成为活动的主体。教师的任务是观察幼儿的活动情况，分析指导的内容和决定指导的方法，以游戏伙伴的身份作隐性的指导，培养幼儿的积极性、主动性和创造性。

2.区域活动的环境创设

区域活动的教育价值主要是附设在区域内的操作材料、情境及相应的活动中。区域活动开展的前提是有一个特定的"有准备的环境"。

（1）活动区域的设置。在现阶段幼儿园室内环境设计中，有多种多样的区域，大致有以下三种类型：

第一，常规区域。目前，幼儿园常规区域一般包括建构区、美工区、表演区、角色游戏区、阅读区、益智区、语言区、科学区、感官操作区、沙水区、运动区等。

第二，特色区域。特色区域主要是体现与其他幼儿园不同的、比较独特的区域。这种特色可以是地域特色，也可以是园本、班本特色的体现。

第三，主题区域。主题环境的建构越来越引起教师们的重视，主题环境可以体现在墙饰上，也可以体现在区域环境上。将某一主题活动内容物化在区域材料当中，引导幼儿在区域活动中实现主题目标。

（2）活动区域的布局要求。活动区域根据教室空间（面积、格局、形状）、儿童人数（男女比例）、编班方式（年龄段、混龄、同龄）、幼儿园总体安排及课程设置等总体考虑，必须使地面、墙面、桌面得以充分利用，环境布置、材料设备等蕴涵的教育因素能充分发挥作用，让儿童在充分的活动中获得多方面发展。

第一，活动区域的界限性。在划分界线时，除考虑美观、漂亮之外，更要从教育的角度出发。可通过地面不同的颜色、图案或质地来划分不同的区域，也可划分立体界限，运用架子、柜子或其他物体隔离划分出不同的区域，形成封闭或开放的空间。还可以用写有相关活动区的文字、图片或装饰物帮助幼儿认识区别各个区域。各个区域之间还要留出足够的、便于幼儿进出的通道，保证活动的顺利开展。

第二，活动区域的相容性。在布置活动区时要考虑各个区域的性质，尽量把性质相类似的活动区放在相邻的位置。如把以安静的阅读活动为主的图书区和以动脑为主的数学区放在一起，把操作活动为主的积木区和娃娃家放在一起等。同时还要考虑需要用水的活动区应当靠近盥洗间或取水处，自然区和图书区等需要明亮光线的区域应靠近窗户等。

第三，活动区域的转换性。在考虑划分各个区域的同时，也要考虑幼儿可能出现将一个活动区内的活动延伸转换至其他活动区的需要。例如，在表演区的角色游戏活动可能会延伸至积木区，在自然区的活动可能会延伸至美工区。应该预见幼儿可能出现的延伸活动，在活动区的设置上满足幼儿的这一需求。同时密切观察幼儿在各个活动区的活动，细心了解幼儿的兴趣和需要，并及时调整活动区的种类和数量。

3.区域活动的材料投放

区域材料作为幼儿活动的操作对象，是幼儿建构、学习、发展的媒介，材料的投放影响着幼儿活动的开展。教师在投放区域材料的时候，要根据幼儿的年龄特点、幼儿的实际发展水平、近期的教育目标进行投放。

（1）材料要有趣味性、新颖性。有趣的材料能够引起幼儿主动参与操作及激发幼儿探索的欲望，从而提高目标的达成度。科学区中有趣的凸凹镜、奇妙的磁铁、会变的三原色、沙漏、转盘、拼图等，生活区中的夹弹子、动物喂食、小猫钓鱼等，计算区中的图形、数字宝宝、七巧板、多变的几何体等对幼儿充满了诱惑，幼儿参与的兴趣就很浓。材料的提供不能一成不变，而要根据教育目标和幼儿的发展需求，分期、分批地投放与依计划不断地更新材料，不断地吸引幼儿主动参与的兴趣与逐步深化的探究。在完成某个教育目标时所设计、提供的材料力求做到角度不同、充分多样，以满足幼儿反复操作的需要，使其积极性一直被保持在最佳状态。

美工区的幼儿在进行竹根的装饰彩绘，老师观察到大部分的幼儿只是根据竹根的自然形状将其简单地装饰成一个娃娃或大树。在活动过程中，老师又适时地增添了棉花、橡皮泥、小细管等，这时这种"新材料"瞬间给了幼儿新的信息，给他们的制作带来了新的刺激、新的目标。很多幼儿又纷纷拿起竹根继续装饰，进行新的探索。有的幼儿利用棉花把竹根装饰成长长的一条"龙",有的幼儿利用橡皮泥做辅助将竹根装饰成一台"机器人"……富于变化的材料为幼儿的探索及创造性的学习带来了更大的空间与挑战。

(2)材料要有目标性、主题性。区域活动的材料要考虑幼儿的年龄特点、发展水平及最近发展区,使材料蕴涵或物化着教育目标与内容。当幼儿操作这些材料时能揭示有关的现象和事物间的关系,而这些现象和关系正是教师期望幼儿获得的,也是这个年龄阶段的幼儿能够获得的。例如,小班生活区提供纽扣、穿木珠、串线板等材料,目的是锻炼幼儿手指、手腕和手眼的协调能力,而中班教师在美工区投放三原色是希望幼儿通过颜色游戏感受与发现三原色的变化,通过自己的积极思考去建构颜色变化的规律。

教师有针对性地选择、投放与主题相关的操作材料,并且充分挖掘材料在不同区域内的多种教育作用,一个目标可以通过若干材料的共同作用来实现,一种材料也能为达到多项目标服务。例如,积木区中,幼儿进行的不仅仅是"建构"活动,也可以进行艺术、语言、数学、社会等多领域的学习活动,关键是教师要有研究、发掘各活动区教育潜能的思想意识,时刻注意活动材料的多领域经验的指向性、材料的低结构性,注重隐性环境的暗示作用。

幼儿园开展"欢欢喜喜迎新年"活动,围绕"让幼儿感受新年的节日气氛,体验过年的忙碌、热闹,参与新年的准备活动"这一活动目标,在社会性活动区域——超市里,为幼儿提供大量红色包装纸、纸卡和各种礼盒等,让幼儿通过在超市里的加工、分类、采购和互赠等活动,从而达到落实活动目标、促进其社会性发展的目的。不同的材料蕴含不同的目标,包含特定的信息,引发幼儿特定的操作、探索,并以材料来间接地暗示、调整、调节幼儿的建构活动。在此过程中,教师的指导策略也就渗透其中。

(3)材料要有层次性、系统性。区域活动是幼儿个性化学习的最佳途径之一,教师根据幼儿的能力提供操作难易程度不同的活动材料。某些材料从加工程度来说,可为同一个活动区提供原材料、半成品和成品,由浅入深,从易到难分解出操作层次,并构成系统性,以满足幼儿学习的不同需要。一位老师在图书区为不同层次的幼儿提供不同材料,并提出不同的要求:为能力较弱的幼儿提供音像设备,让他们仔细认真地听故事,激发幼儿阅读的兴趣;为能力中等的幼儿提供图书,锻炼幼儿看图阅读的能力及习惯;为能力强的幼儿提供故事的部分情节，让幼儿依据情节自己想象故事的发展并进行表达与表现。幼儿根据自己的能力自主选择，这样使区域活动不仅适应了不同水平幼儿的学习，更重要的是，它能使幼儿体会到学习的成功与快乐，更多地体验到自信。

在美工活动区中，刚开始让孩子练习编辫子，能力较强的孩子编了几次就掌握了，觉得活动太简单。于是老师让幼儿在编好的辫子上做文章，有的幼儿就用编好的辫子练习粘贴杯垫，有的孩子把辫子做成门帘，还有的孩子尝试盘贴成花朵的形状或其他好看的图案，这就加强了操作的难度。尝试中孩子们互相模仿学习、互相讨论，这样一直调动着孩子们学习的主动性。从这个例子可以看出，幼儿通过自己发现、探索、讨论、总结，掌握了一些基本的方法，学会了学习。如果老师只限制他们固定用一种方法，幼儿的情绪和活动的效果就会截然不同。

（4）材料要有操作性、探究性。所投放的材料必须引导幼儿对客观事物进行动手操作和动脑思考，保证动脑思考和动手操作交织进行。当前很多教师往往将探索等同于一般意义上的动手操作，造成了幼儿在区域活动中简单机械的重复训练，没有对幼儿的心智提出积极的挑战，使区域活动不能最大限度地支持幼儿与材料之间的相互作用，不能引发幼儿的探究活动。例如，有的教师给幼儿投放一个用硬卡纸做成的时钟，让幼儿根据要求拨出不同的时间，这就仅仅是一个机械的动手操作活动，不具有探索性，而给幼儿提供钟面、时针、分针、数字等材料，让幼儿自己拼装出时钟，这就是充分具有探索性的活动。因为在组装时钟时，幼儿要不断地思考如何拼装各个部件、数字怎么安排、时针与分针如何协调、如何让各个部件活动起来等问题，幼儿在动手操作的过程中，即可不断地进行积极的探究。

教师不要一味地将区域活动学习化，应加强活动区的游戏性，特别是当前幼儿园盛行的任务定向的区域活动，应适当减少。要避免重视建构区、美工区、益智区等学习性强的活动区指导，而忽视角色区、表演区、沙池区、图书区等游戏性强的活动区指导。加大区域活动的游戏性，可以把一些适合活动区的教育目标当作游戏目标提出来。例如，可以采用为活动区命名的方法来渲染游戏气氛，创造童话般的境界，即把"美工区"变为"艺术坊"等，孩子们来到这里就扮起了假想的角色，或"做工"，或"作画"，把自己制造出来的"产品"拿到"商店"去"卖",用绘制的作品办"画展"。这样,游戏的主题和内容仍与教育目标保持一致,与教育活动环环相扣,但活动的性质从学习变成了游戏,幼儿的身份从小朋友到扮演了一定的角色,活动目的从学本领变成了纯粹的玩,一成不变的活动区变成一个个变化的游戏场所,幼儿活动的兴趣就会明显提高。

4.区域活动的具体流程

(1)开始部分。教师可以介绍新的材料及玩法,让幼儿知道该怎么玩;也可以介绍被冷落的材料,以激发幼儿进一步的兴趣;还可以谈谈活动中的注意点,如选择区域时人数的控制问题、材料的取放问题等。时间不宜太长,应控制在5分钟以内。

(2)中间部分。教师组织幼儿进入各区活动,让幼儿拥有真正的自主,让他们自主决定、主动地探索学习,这是区域活动的核心部分。教师是环境创设者、条件提供者、观察指导者。教师主要是通过改变环境或投放不同的材料来影响幼儿学习的。教师要注意不断地在各个区域间来回观察和参与游戏,要留意观察每个幼儿的操作情况和交往能力,针对出现的问题,选择恰当的时机参与到幼儿的活动中,与幼儿一起探索、操作、发现、讨论、解决问题,真正体现幼儿的主导地位。教师通过观察和分析,看看幼儿对材料是否感兴趣,是否会玩;哪些材料适合怎样能力的幼儿;思考可以提供哪些不同层次的材料;幼儿游戏时是否需要帮助,并思考以何种形式帮助。

(3)结束部分。教师评价活动的情况,一般情况下是:小班幼儿以教师评价为主,中大班的可以教师评价,也可以幼儿自我评价和同伴评价。无论采用何种评价方式,都不能只注重结果,更要注重过程的评价。目的在于引导幼儿自发、自愿地进行交流、讨论、积极表达情感,共享快乐、共解难题、提升经验,同时激发再次活动的愿望。评价的结果往往影响到幼儿今后的活动情况,评价对幼儿的发展也有一定的导向作用。教师的评价应该是全面的,根据幼儿的活动情况,抓住幼儿的闪光点加以鼓励,针对幼儿出现的问题提出不足,鼓励幼儿大胆地发表自己的意见,根据自己的意见加以总结。活动的结束可以设置一定的信号,如一段优美的音乐,让幼儿听到音乐时要收拾玩具并放到原来的地方。

5.区域活动的指导模式

根据区域活动的性质特点,把区域活动的指导模式分为以听说表现为主、以动手操作为主、以探索发现为主的三种类型。

(1)以听说表现为主的区域活动指导模式

该模式一般适用于阅读、音乐、美术等区域活动,具体环节包括以下各方面:

第一,创设情境,激发兴趣。该环节是引起幼儿的内在动机,使幼儿积极地投入多种形式的活动。教师的任务是为幼儿创设特定的环境,包括安静、舒适的活动空间,丰富有趣的活动材料(如图书、画报、幻灯、录音故事、音乐等),以此激发幼儿参加活动的兴趣和愿望。

第二,引导感知,观察援助。该环节是让幼儿自由地选择区域内容、自主活动,教师的任务是引导幼儿感知理解听、说、表达的有关内容,指导幼儿学会简单的知识和技能。

第三,展现交流,分享成果。该环节是通过作品展示、互动交流,分享成功的快乐,增强幼儿的自信心和成功感。可采用故事表演、美术作品的介绍等方法来实现。

(2)以动手操作为主的区域活动指导模式

该模式适用于建构、手工制作等区域活动,具体环节包括以下各方面:

第一,创设情境,激发兴趣。该环节的目的同前一模式。但教师的任务是为幼儿提供能满足需要的材料,并设置有关的问题情境,供幼儿观察感知之用。该模式主要是让幼儿自己去观察感知、发现操作的步骤和方法,进而自己进行操作探索。

第二,观察引导,鼓励探索。该环节中,是引导幼儿观察发现相关物体的制作方法和步骤,当幼儿操作发生困难时,应及时给予启发或援助,帮助、鼓励幼儿获得成功。

第三,展示作品,交流分享。该环节教师让幼儿介绍自己探索操作时碰到的困难、作品制作方法的演示等,培养幼儿的自信心、坚持性及探索精神。

(3)以探索发现为主的区域活动指导模式

该模式适用于科学区、益智区等区域活动,具体环节包括以下方面:

第一，感知讨论，激发兴趣。该环节的目的是让幼儿在感知或讨论的过程中，主动地获得知识。教师的任务是让幼儿明确感知目的和任务，提高他们参与的积极性，同时要提出一些引起幼儿思考的问题，组织幼儿开展讨论，激发幼儿内在的学习动机，引起幼儿思考的兴趣。

第二，引导探索，尝试发现。该环节中，教师要鼓励幼儿自由探索，对幼儿的探索尝试不要多加干涉。因为受能力和知识经验水平的限制，幼儿的尝试、发现需要一个过程，所以教师要善于等待，要注意幼儿的个别差异，对有困难的幼儿给予帮助和鼓励。

第三，验证交流，迁移应用。该环节让幼儿将探索尝试的结果进行当众验证演示，也可以启发幼儿把探索发现获得的知识经验迁移应用到新的探索活动中去。这样的活动既使幼儿的自信心和成功感得到增强，又使幼儿的探索尝试、迁移应用的能力得到进一步提高。

幼儿园区域活动是幼儿园"生活、学习、做人"教育活动的一个操作平台，也是幼儿最快乐的活动之一。幼儿园必须创造一个幼儿主动探索发展的环境，进一步调动幼儿的主动性和积极性，更好地发挥区域活动的实效性，为幼儿的终身发展奠定基础。

(二) 小组活动的开展

小组活动在促进幼儿主体性学习、照顾幼儿个体差异、支持幼儿同伴间合作方面独具价值，能较好地体现新课程所倡导的自主、合作、交流等理念，在教育改革中逐步成为学前教师关注和探索的热点。小组活动是以合作学习小组为基本形式，系统利用活动中动态因素之间的互动促进幼儿的学习，共同达成发展目标的教育活动。小组活动具有四个基本特征：以异质小组为基本形式、以小组明确的目标达成为标准、以小组成员相互依赖的合作性活动为主体、以小组总体成绩作为评价和奖励的依据。

1. 小组活动的现实价值

(1) 唤醒主体意识，提高幼儿的参与度。小组活动为幼儿提供了宽松的心理环境，使他们有机会大胆地提出自己的想法、质疑他人的观点，使批判性学习成为可能。组员的表现机会增多，对他人信息的接收更加丰富，在经过组员间不同想法的碰撞后，使幼儿进一步激发创造力、拓展思维、培养创新意识和思维能力，同时促进幼儿自身知识经验体系的建构，获得可持续发展的动力。

（2）改善师幼关系，提高教育的和谐度。师幼关系从传统的管理型、集权型转变为交流型、伙伴型。幼儿可以走到教师的身边，教师也可以随意地触摸到每个幼儿，距离的拉近、言语交流频率的递增、动作交流的增加可以让师幼关系变得更加亲密。教师有更多的时间和精力来观察幼儿，更能了解幼儿的参与情况、活动水平以及活动兴趣需要，可以采用个别化的方式以促进幼儿的个性化发展。

（3）创建交流平台，提高社会化发展水平。小组活动中，幼儿的学习方式以及角色作用都发生了改变。幼儿主动提问、自主交流、敢于尝试、学会倾听和反思，在与同伴的互动中发展合作能力，为获得终身学习的能力奠定坚实的基础。由于小组活动是以小组明确的目标达成为标准，小组与个体的价值就融为一体。幼儿通过共同努力完成小组任务的同时，个体的价值也随之得以实现，自尊、自信等社会性基本素质也得到发展。

2. 小组活动的管理技术

教师的小组活动管理是一种微观管理，教师在活动价值导向下的行为安排能够体现小组活动管理的目的性和策略性。教师管理小组活动的技术内涵主要包括冷静观察与分析的技术、设计与反思的技术、反馈与回应的技术（语言与非语言的方式）、引导幼儿的技术、与幼儿沟通交往的技术、用评价与期望激励幼儿的技术、运用资源与创设环境的技术等方面。

（1）成立合作小组，引导幼儿体验合作活动。成立合作小组是开展小组活动的首要工作。教师遵循"组间同质、组内异质"的原则，教师应考虑幼儿的性别、兴趣、水平能力和性格特征等因素，小组成员要做到"强弱搭配、优势互补"，小组成员要相对固定，使同组的幼儿有尽可能多的时间共处和交流，彼此之间尽快了解和熟悉，对同伴的行为方式和性格特征有更加深入的了解。

（2）充分发挥"小组共同体"的教育作用。小组成员之间是以共同的任务目标连接而成的"共同体"。由于小组活动包含了讨论协商、统一意见、分工合作、交流分享等合作学习的必需环节和策略。教师在活动初期应致力于协助幼儿熟悉小组活动的具体步骤，即"商量—分工—操作—交流"环节，幼儿在反复进行这些环节的过程中，乐于合作并善于合作。例如，科学活动中可设计分组操作环节，让小组成员分工协作，有组长、记录员、操作者、发言者，每个成员各有职责；在实验中，小组成员要积极合作，分工操作，共同努力开展实验，以验证教师提出的假设；在实验结束后，小组成员要整理实验材料，帮助教师收拾活动场地。同时注意小组中的角色还要定期轮换，保证幼儿的多角色体验。

（3）适时指导，让幼儿习得更多合作技巧。教师应关注小组活动整个过程并在不同阶段给予有效指导。教师对幼儿的引导主要体现在幼儿合作小组的分组、幼儿合作过程中冷场、幼儿讨论脱离主题这三个方面。若幼儿在分组方面出现矛盾，教师应根据幼儿性格、爱好、能力等方面，并结合具体的情况进行适当的变动；若幼儿在合作过程中冷场，出现"作而不合、合而不均、合而无技"等情况，教师要根据原因进行指导，保证小组活动体现合作与交往；若幼儿讨论偏离主题，教师应及时地以提问者的身份去提问，将话题围绕主题展开，保证合作学习的顺利进行。教师应提升幼儿的理解与交流能力，在合作中不但要让幼儿学会与他人交流自己的见解，而且要让幼儿学会倾听他人的建议与想法，并且与他人积极友好地相处，在活动中学会商量、谦让、共同使用等技能，同时应引导幼儿积极寻求帮助和主动帮助他人。教师要把握机会甚至创造机会帮助被排斥或游离在小组活动外的幼儿参与到小组活动中来，并帮助幼儿协商解决矛盾冲突与问题。从渗透、支持到自主阶段，教师的支持和指导贯穿合作学习的始末，教师的角色由台前向幕后逐步淡化。

（4）充分利用新问题资源，引导幼儿自己解决矛盾。小组活动中出现的问题正是教师实施教育的最佳时机，将活动中的问题管理转化为服务于幼儿活动的、能有序地引导幼儿控制活动资源和活动进程的主动行为，调适动静结合的活动节奏，引导小组活动走向更深入的层次。

小组活动形式上的多人合作性、活动内容的生成探究性、幼儿反应的个体差异性以及活动过程的不可预见性等，都可导致活动过程中不可控因素的增多，出现一些超出教师预设的新问题、新现象。教师要将这些新的问题和现象转化为一种新的教育资源进行利用，为幼儿提供更多探究的内容，以及更多思考的空间和释疑机会，这就使活动内容更能适应幼儿不断变化的实际需求，从而提升活动效能，促使幼儿的自主探究学习兴趣随着新的探究情境的出现而更加浓厚，也使新的活动目标和探究内容不断生成，探究空间亦不断拓宽。

（5）评价主体多元化，评价要全面详细。教师对活动的评价应全面详细，过程性评价与结果性评价相结合。对活动过程的评价要从小组合作过程的合作性和小组中每个成员的状态进行分析；对于活动的结果，主要是通过各小组是否完成任务和所用时间来进行评价。评价主体应由教师和幼儿共同担任。教师为主体的评价能够为幼儿提供更好的指导方法，而幼儿为主体的评价更真实、内容更丰富，幼儿通过评价与反思得到锻炼。无论评价标准如何变换，均应坚持把握"淡化个体、强化小组"的原则，强调"合作学习、荣辱与共"的关系，培养合作精神、团队意识和集体观念。

幼儿园的教育目标是促进每位幼儿的身心健康发展，小组活动符合幼儿个性化发展的需要，理应成为今后幼儿园活动的重要形式。

（三）主题活动的开展

主题活动是围绕主题确定内容、具有综合性的、一系列的教育活动的统称。主题活动能够充分调动幼儿的多种感官，并形成多种体验方式，在促进幼儿全面发展教育方面具有十分重要的意义。主题活动是指在一定的时间里，围绕一个中心内容（主题）组织开展的教育活动。主题活动打破了学科之间的界限，将各种学习内容围绕一个"中心"有机地连接起来，从儿童的兴趣和需要出发，紧密跟随现实生活发生的新变化和新形势，围绕主题展开一系列的活动，使幼儿通过探索和学习，获得与该主题相关的比较完整的经验。

1. 主题活动的开展优势

以"主题"的形式构建每一阶段的生活经验，使幼儿园生活成为有利于促进幼儿持续发展的连续教育。

（1）主题活动更具生活性、开放性。幼儿园的主题一般选择季节性、节日性以及幼儿的兴趣点为主题，这样的主题贴近生活，幼儿非常感兴趣，当幼儿运用自己所学的知识解决生活中的问题后，学习的兴趣会更浓。主题活动具有丰富的教育资源，幼儿活动的地点不再局限于教室，幼儿园、家庭及社区为幼儿提供广阔的活动空间。

（2）主题活动更具系统性、综合性。主题活动是以一个主题为中心进行延伸的活动，这些活动紧紧围绕这个主题而进行，这个主题始终贯穿于活动的始终，小的活动构成一个小主题，几个小主题构成最后的大主题。主题活动是一种跨学科的综合性教学形式，能够使各学科的教学内容互相联系、彼此渗透，有助于幼儿获得整体性、连贯性的知识，也有利于开发幼儿的多元智力。

（3）主题活动更具探究性、生成性。主题教育的最大价值在于师幼之间共同有深度地探讨一个主题，通过自主探究等多样化的研究性学习活动形式，发挥幼儿的主动性，促进幼儿的主动探索与学习，引导幼儿在愉快的体验中获得成功与发展，从而丰富幼儿的学习生活经验。这种伴随着活动过程而具有丰富的内心体验是形成认知和转化行为的基础，为幼儿的终身学习奠定良好的基础。

2. 主题活动的开展阶段

（1）起始阶段。教师引导幼儿围绕自己感兴趣的主题提出问题，初步编制主题网络。

（2）发展阶段。幼儿在教师指导下，开展多种活动对主题进行深入探索。教师重视幼儿的发展与社会的密切关联，尽量提供机会让幼儿从多个视角来观察和看待事物，为幼儿介绍一些活动方法与技能，帮助幼儿制定解决问题的方案，做好观察记录、收集作品、自我反思以及叙述性的学习体验各方面的记录。

（3）结束阶段。教师组织汇报、表演等活动让幼儿向全班幼儿、家长及全园甚至更大范围的人们进行成果展示。通过成果的展示，幼儿的自我得以充分体现，获得一定的"高峰体验"，这种体验与满足激励幼儿继续进行新的探究活动，成为其学习过程的内在动力。教师关注幼儿提出的新问题，并为其继续探究提供支持。

3. 主题活动的开展策略

主题活动是一个系统的设计过程。无论主题活动有多么大的灵活性，每一个活动的设计、开发和实施都应当是有计划进行的。教师综合各方面来选择主题、编制主题活动网络、科学组织主题活动等。

（1）选择主题。一个主题所要表达的是幼儿在这一时间段内所要参与的一系列活动，还有幼儿从中所要获得的主要经验。主题是教师选择组织学习内容、开展教育教学过程、创设教育环境的方向标。

第一，以幼儿的发展为中心进行主题设计。以幼儿某一阶段的发展为中心整合学习内容，如"我上中班了"围绕幼儿发展的四个方面——身体与动作、社会性、认知、情感组织活动，每一方面的发展都可以有几个次级主题，每一个次级主题都可以组织幼儿分小组从多方面开展活动。因不同阶段孩子的发展特征不一样，这类主题在课程目标设置上也容易体现出层次性和渐进性。

第二，以幼儿的心理逻辑顺序为中心进行主题设计。从幼儿在日常生活中认识事物的心理出发，把与某事物相关的其他事物整合在一起。例如，"街心花园"的设计按照幼儿进入街心公园时的所见、所闻、所想来设计主题网络，使各项活动成为幼儿经验的连续体。

第三，以幼儿的生活为中心进行主题设计。幼儿以自然的方式去发现生活中事物间自然的和真实的内在联系。据此，幼儿生活中的自然环境与社会环境都可以成为幼儿园课程的主要内容，如动物、植物、四季变化、节令、纪念日、家庭、店铺、风俗、游戏等都可纳入活动内容的范围。

主题活动既可各班独立开展，也可整体规划全年级共同进行。由于教师自身有着较高的认知水平，为幼儿选择的主题也必然存在一定的可行性。同时可以把活动主题选择的权利交给幼儿们，鼓励幼儿自主进行活动主题的选择。他们选择的主题不一定比教师的科学，但是往往正是他们内心所需要的，能够最为有效地促进幼儿的成长。

（2）科学组织主题活动。组织主题活动不仅仅是组织学科内容的一种形式或技术，更是一种综合性、系统性思考的教育哲学实践。主题活动设计不仅要为儿童从多维且具有内在一致性的视角掌握知识提供机会，也要为促进儿童接纳知识或者多样化理解知识创造条件。

第一，在主题活动内容的选择与安排方面，需要从教学活动的综合度与关联性入手。主题活动所预期的目标直接制约主题活动的综合度。如果主题活动的目标主要指向儿童的知识关联，促进儿童认识世界的完整图景，那么其综合的范围往往具有灵活性，可以是一个领域内相关知识的关联，也可以是跨领域的综合。这种较高程度的综合要求知识之间的联系和结构都比较严密。如果主题活动的目标主要指向儿童的经验方面，那么活动内容之间的联系和结构可以比较松散，而更多指向儿童经验成长方面，关注个人综合应用知识解决问题的能力。

第二，在活动与儿童之间寻找一种动态的平衡，以保证教学活动设计的科学性和可行性。一方面，要从儿童年龄特征与需要出发，去联系和整合社会的需要，把社会对儿童的要求与儿童成长发展的需要结合起来，并将之体现在儿童培养目标和课程目标中；另一方面，在目标的指引下，动态地把握学科、儿童、社会三者之间的关系，并以此作为主题活动设计的依据。从社会与儿童的现实生活出发，按照认识事物的线索或者解决问题的线索去考虑学科内部知识的整合或者学科之间的综合；从儿童的需要出发，按照儿童现实生活的状况和经验、背景去考虑学科与儿童生活的关联。

第三，主题活动需要妥善处理整个幼儿教育阶段的课程组织架构。一方面，需兼顾幼儿园各个年级儿童学习经验的横向衔接与纵向连贯，使整个学前教育阶段能够为儿童提供一个循序渐进、逐渐扩展的学习进程；另一方面，通过鼓励各个年级和学科教师之间合作设计活动，共同肩负主题活动的责任，互相配合活动内容，使彼此成为知识分享者、资源提供者，进而推动教学实践，促使儿童成长为积极、主动的学习者。

二、学前教育中儿童游戏的开展

游戏是符合幼儿年龄特点的一种独特的活动形式。可以说，学前儿童是在游戏中生活、游戏中学习、游戏中成长的。游戏是幼儿在一定的游戏环境中根据自己的兴趣和需要，以快乐和满足为目的，自由选择、自主展开、自发交流的积极主动的活动过程。游戏活动从婴儿期已经开始，但儿童有意识的、自主的游戏活动在幼儿期表现明显，4~5岁幼儿进入象征性游戏的高峰期，5~6岁幼儿在规则游戏和建构游戏中表现了更大的兴趣和发展水平。在这一过程中，幼儿行使成人权利，享有成人自由的满足感，带给幼儿的快乐是其他活动无法比拟的。在这一过程中，幼儿的天性自然流露，主动性、独立性、创造性得以充分发挥。这也正是角色游戏最根本的价值所在。

（一）学前儿童游戏的开展特征

游戏是一种追求快乐的行为，是儿童自愿参加的、以娱乐为主要目的的活动，它具有以下特征：

1. 自主性特征

儿童之所以游戏，是因为出于自发的、自愿的需要，是因为他们喜欢游戏，游戏能给他们带来欢乐。日常生活中游戏活动的发起源于"我要玩"而非"要我玩"，是幼儿的内部需要，是由内部动机支配的，而不是来自外部的命令或要求。儿童可以自由选择游戏，他们是游戏的主人，游戏的内容、玩法及同伴等都是由他们自己来决定的。儿童游戏以活动本身为目的，游戏不要求一定达到外在的任务和目标，也没有严格的程序和方式，玩什么、和谁玩、怎样玩，游戏的形式、内容、材料都由幼儿自己掌握，按照他们自己的意愿进行。他们是在没有任何外在压力的情况下，自主地、自由地做自己喜欢的事情。

2. 虚构性特征

游戏是幼儿在假象的情境下反映生活的活动，每个幼儿在玩游戏时，都清楚地知道是"假装的"，它可以不受具体时间、地点、条件的限制，所需要的玩具材料可以是主要特征相似的替代物。他们可以把自己想象、装扮成现实生活中的角色。他们可以通过动作和想象创造出新的情境，把狭小的游戏场地变成可以从事各种各样活动的广阔天地。游戏中的角色、情节、玩具、材料均具有明显的虚构性，幼儿是在虚构的游戏情境中反映周围现实生活的，而正是这种神秘而充满幻想的、虚构的色彩深深地吸引着幼儿。

3. 探索性特征

学前儿童游戏的过程也是学习的过程。在游戏过程中，幼儿通过不断地与环境相互作用，认识周围的环境，学习与人交往，理解和掌握社会行为规范等。幼儿丰富的想象力、思维能力是认识世界的工具，游戏中的学习完全是由幼儿的兴趣、爱好、探索等内部动机推动的。在游戏中，幼儿意识不到其中有学习，却不知不觉地学到了很多东西。游戏为幼儿提供了一个轻松愉快、有丰富刺激、能鼓励幼儿自主学习的良好环境，使他们获得安全感、自尊和自信，获得对学习的持久热情，从而终身受益。

4.秩序性特征

游戏的内容、情节、规则及其行为方式都具有社会性的特征。幼儿的许多游戏是真实社会生活的缩影，在游戏中幼儿不仅作用于物，而且与人交往，学习掌握社会行为的规范和人际交往的技能。幼儿的游戏多半是集体性的。幼儿不会长时间地自己玩耍，他们更喜欢几个人一起玩，交流彼此的感受和体验，以使游戏可以进行下去。幼儿在游戏中并非毫无约束和限制，尽管他们的游戏有时显得非常忙乱，但每个游戏中都隐含着秩序性，每个个体都有一定的自我约束。正是这种秩序的约束把儿童游戏带入一种和谐、有序的情境。

(二) 学前儿童游戏的教育作用

游戏不仅对幼儿有娱乐作用，而且对幼儿的身体、智力、社会性和情绪等方面有重要的发展价值。

1.游戏有利于儿童动作技能和身体素质发展

游戏对幼儿来说意味着行动、操作。不管游戏调动了幼儿哪些部位的运动，都表明游戏与动作是分不开的。就幼儿园日常游戏而言，有的游戏注重幼儿的手部动作（如何握住、捏拿、插嵌、叠放等，都是手部小肌肉动作，且又都是手眼协调动作），有的游戏注重幼儿腿部运动（如跑、跳、蹦高、蹬等），还有的游戏注重的是臂部和腿部的配合协调动作（如爬行、攀登等）。以上所述的几类动作也可能在同一个游戏中发生。这些动作在游戏情境中的出现不仅减少了幼儿反复练习的枯燥感和疲劳感，而且会使幼儿主动地、自觉地进行练习。在游戏情境中，这些动作或运动总是与一定的角色行为、与达成一定的游戏目的联系在一起的。因此，给予儿童充分的游戏机会，有利于儿童动作技能的发展，进而有利于儿童身体素质的提高。

2.游戏有利于儿童智能的发展

儿童通过游戏与外在环境建立了联系，获得了有关环境的信息，并对这些信息进行加工、处理，纳入自己的智能结构，并以新的智能结构为指导，开展进一步与外界环境的相互作用。

（1）游戏扩展和加深幼儿对周围事物的认识。游戏是幼儿认识事物的途径。游戏使幼儿接触到各种游戏材料，通过具体的活动认识各种物体的性质和用途，获得有关事物之间关系的经验。幼儿在游戏中把自己对生活的印象和感受表现出来，从而对生活的认识得以加深和巩固。多种多样的游戏使幼儿获得丰富的知识和经验。

（2）游戏有利于幼儿探索行为的发展。"操作""探索"是儿童游戏的动态描述词，儿童的许多游戏都离不开探索和操作。由于游戏情境中的操作和探索对幼儿来说更具有兴趣性，更具有情境性，幼儿会反复地进行，在愉快的情境中反复地练习。因此，游戏活动也就促进了幼儿探索能力的发展。

（3）游戏促进幼儿想象力、创造力的发展。游戏是具有象征性的，它以想象力和创造力为条件。在结构游戏、角色游戏中，幼儿在想象的基础上经常表现出创造，包括造型的创造、用途的创造、语言的创造和行为的创造等。游戏过程中幼儿可以充分发挥想象力，充分表现自己的创造性。

3. 游戏有利于儿童社会性的发展

学前期幼儿正处于从"自然人"向"社会人"转变的时期，游戏是幼儿自我意识产生和发展的重要途径，是幼儿社会性发展的重要载体。

（1）游戏提供了幼儿社会交往的机会，发展了幼儿社会交往的能力。游戏是幼儿进行社会交往的起点。在游戏中，幼儿逐渐熟悉、认识周围的人和事，了解自己和同伴的想法、行为、愿望与要求，理解他人的思想、行为和情感，学习与同伴分享、互相谦让、合作等人际交往技能。有研究表明，游戏的数量与复杂程度可以预示儿童的社会性技能活动。

（2）游戏使幼儿学习社会角色，掌握社会性行为规范。在游戏中，幼儿会接触一些社会基本行为规范，从而潜移默化。游戏有助于幼儿社会适应能力的提高，有助于幼儿掌握社会交往的技能和策略，理解并遵守规则，从而理解社会规范的意义，培养其亲社会行为。

4. 游戏有利于儿童良好情绪、情感的发展

愉快地游戏是儿童心理健康的标志，游戏是正在成长中的儿童最大的心理诉求。游戏对于儿童情感的满足和稳定具有重要意义。

（1）游戏丰富幼儿的情绪体验。游戏的内容和形式灵活多样，幼儿在游戏中体验着各种情绪情感，幼儿积极投身于游戏中产生的情感永远是真诚的。游戏能给幼儿带来极大的快乐与满足，体验着成功带来的成就感和自豪感，学习表达和控制情感的不同方式。随着游戏主题的发展和构思的复杂

化，幼儿的情绪情感体验更丰富、更深刻。

（2）游戏发展幼儿的美感。在游戏中，幼儿反映着自然和社会生活中的美好事物，表演着艺术作品中的美好形象，使用着艺术语言，进行着音乐和美术等艺术活动，装饰和美化着自己的游戏环境，这些活动都有助于培养幼儿对自然、社会、艺术的审美能力，发展幼儿的美感。

（3）游戏可以消除幼儿的消极情绪。游戏，尤其是角色游戏，为幼儿提供了表现自己各种情绪的机会，幼儿的愤怒、厌烦、紧张等不愉快情绪在游戏中得以发泄、缓和。游戏是幼儿消除生活情境中产生的忧虑和紧张感，向自信和愉快情感过渡的方法。游戏的主要优点在于它能提供一个新的刺激场，这种刺激场不是物理环境，而是由幼儿凭想象和回忆创造出来的心理场，它能够使幼儿逃避不愉快的现实环境和气氛，使他们产生愉快、肯定的情绪体验，改变受挫的情绪状态，从而间接实现对行为的控制。

综上所述，游戏对幼儿身体、智力、社会性和情绪情感各方面的发展都有着积极的促进作用，可以说没有游戏就没有幼儿的发展。

（三）学前儿童游戏的开展准备

1. 游戏条件方面的准备

（1）提供充足的游戏时间。在幼儿园的一日生活中，应提供给幼儿充足的游戏活动时间，上午、下午可有较长的游戏时间（30～40分钟），也可有较短的游戏时间，如早晨入园时间、活动间隙等。根据时间的不同组织适合的游戏，如时间长可组织活动区或室外的游戏活动；活动过渡的间隙可玩活动量小的、简短有趣的游戏。保证幼儿有自由的游戏时间是培养幼儿自由精神的前提。

（2）创设儿童游戏场地。游戏环境主要包括游戏的场地及游戏材料等物质条件，以及这些物质条件之间的相互关系。幼儿园的空间、设施、活动材料与常规要求应有利于引导和支持幼儿游戏活动的开展，幼儿园的室内外都应该有游戏的场所。

理想的室内活动室面积应尽可能大些，桌椅等设备的摆放要使用合理，留出固定地方供儿童做游戏、摆放玩具，以保证儿童游戏的顺利进行。即使设有宽敞的活动室，也需在游戏的时间里搬动桌椅为幼儿腾出游戏的地方。

要积极为儿童游戏创造条件，场地狭小、桌面拥挤都会限制幼儿的活动，影响游戏的进行。

室外的游戏场地也是必需的。我们提倡每日幼儿至少有两个小时的室外活动时间。各季节的气候各不相同，要因地制宜，尽可能让幼儿有更多的时间在室外活动，包括游戏活动。室外的游戏场地要平坦、有遮阴处，不能远离活动室。各班最好有专用的场地，全园也要有分用的游戏场地。游戏场地要放置一些大型的设备和用具，如体育游戏的大型器械和玩具、小房等。室外场地的布置要合理，以不妨碍儿童奔跑、活动为原则，避免因设备密集而妨碍儿童的活动和发生不安全问题。

（3）配备游戏材料。玩具是学前儿童的生活伴侣，是他们认识世界的教科书。要使儿童的游戏健康、丰富、生动，必须配备适合的、充足的玩具。可供儿童游戏的玩具有成型玩具（或称专门化玩具）和未成型玩具（或称非专门化玩具）两类，各有其自身的功能。成型玩具如娃娃、玩具汽车、积塑、玩具餐具等，对4岁以前的儿童更能激发他们做游戏的愿望与兴趣。未成型玩具则指一些废旧物品，如各式小瓶子、纸盒子、碎布头、小棍等。4岁以上的儿童则对未成型玩具更感兴趣，他们已不再满足于使用成型玩具的智力活动，他们更想使用未成型玩具进行创造性的活动。未成型的资料既丰富游戏内容，又发展幼儿的想象力，具有特殊的教育作用，因此在配备两类玩具时应考虑到儿童年龄的差异性。

同时幼儿园应该重视对废旧物品的收集（要无毒的、无污染的、安全的），以便向儿童提供多样的未成型玩具，如旧轮胎、秸秆、果实、木箱、纸箱、各种瓶、盒、绳子、木片、塑料品、旧服装鞋帽等，并备一些经常使用的工具，如尺子、针线、糨糊等，并将上述物品放置在儿童便于取用的地方，由儿童自行使用。当前越来越提倡根据儿童游戏的需要自制玩具。玩具的制作本身就是一个发明的过程，而利用发明出来的玩具进行发明性的游戏活动，这就使游戏自身的意义和所发生的教育作用得到了高度的统一。

2. 教育思想方面的准备

（1）既重视游戏的教育作用，也保证游戏的发展功能。重视游戏对幼儿发展特别是智力发展的作用，同时充分认识游戏促进其他品质发展的价值。重视研究游戏中幼儿生成性学习的特点，给幼儿适当指导。在幼儿园其他教育活动中，活动的内容和组织应充分考虑幼儿在游戏中学习这一特点，注意活动的趣味性、教育性。

在当前的学前教育活动中，一方面通过游戏生成课程，将游戏中出现的预设课程范围之外的内容随时补充进游戏中心课程内容中，为幼儿提供扩展学习的机会；另一方面通过课程生成游戏，引导幼儿选择与其兴趣和需要相匹配的预设课程中的材料或技能，采用多种游戏指导策略，不露痕迹地将科学、艺术、语言等知识领域的内容融入游戏活动中。尽可能使幼儿获得游戏性的体验，关注游戏中儿童自己的探索，从儿童的角度考虑游戏对他们的价值。

（2）既追求游戏的外在形式，也注重儿童游戏的特点和需要。教师要关注幼儿在自主游戏中的表现和反应，敏感地察觉幼儿的需要，及时地以适当的方式应答。当幼儿在游戏中按照自己的兴趣和意愿活动时，教师应予以尊重，不能因为不符合老师预先的设想就予以否定，并强行将学前儿童游戏的发展纳入自己事先预设好的轨道中来。

教师应该认识到幼儿的游戏反映的是其自身的生活经验，是他们可以理解并感兴趣的内容，是不可以统一安排、硬性规定活动内容和形式的。如果游戏不能让幼儿自己做主，游戏就失去了其本质特征。教师应该充分了解幼儿的兴趣和爱好，提供开展自主游戏的必要条件，鼓励幼儿表现自己的长处和获得成功的体验，创造条件满足学前儿童游戏的多种需要。

（3）既尊重儿童的自主发展，也强调教师的介入与指导。儿童是游戏的主人，在游戏中儿童以自己的生活经验，以自己的方式来反映着他们对社会的认识。在游戏中应充分体现其自主性、独立性和创造性，使他们的认知、情感、社会性等各方面获得发展。确保幼儿园游戏开展实施的条件：为儿童提供均等的游戏机会、充足的游戏材料、自主的游戏体验、分享的游戏经验和丰富的生活经验。让儿童在享受游戏的过程中做与自己能力相符合的活动，才能保证幼儿园游戏活动的顺利进行。

幼儿园游戏仍需有教师指导，由于幼儿年龄小，缺乏生活经验，处理问题能力差，游戏中常常会出现一些预料之外的情况，影响游戏的顺利进行和效果。在游戏环境中，教师要有游戏的心态及善于游戏的能力，以多重身份参与，以利于游戏的顺利进行。教师的指导艺术在于保持而不破坏游戏的自发性和创造性，尊重和充分发挥儿童的主动性和积极性。当儿童需要游戏材料时，教师是游戏材料的提供者；当儿童需要帮助时，教师是游戏的支持者和援助者；当儿童需要和教师一起游戏时，教师是儿童游戏的伙伴和参与者；当儿童不需要教师介入时，教师是游戏的观察者；当儿童在分享游戏经验时，教师是倾听者和发问者。教师要找准自己的位置，做到"到位不越位"。

游戏与教育对幼儿的成长同等重要，始终都是滋养幼儿成长不可缺少的两个方面。切实保障游戏作为幼儿园的基本活动，同时将游戏精神、游戏能力的培养作为幼儿园的工作目标，实现游戏与教育的自然融合。

第八章　教育教学综合管理与资源建设

第一节　教育教学的质量分析

目前，国际学界关于学前教育质量的说法并没有完全统一，在不同的研究中，常见概念有整体质量、机构质量、观察质量、班级质量、环境与过程性质量、结构性质量和过程性质量等。不同的学前教育质量概念之间存在一些混淆，不同研究的表述方式也不一致。与此同时，学前教育环境中对儿童发展预测性较强的一些质量要素，因其宽泛甚至含混不清的质量定义而没有在研究中得到充分的关注与合理的评价。

对学前教育质量做出精确且可操作的定义较为困难，因为质量概念及其内涵具有多层次性，所以通过某个评估工具来对质量的全部概念及其内涵进行定义与测量往往很困难。以学前教育领域应用最为广泛的质量评估工具幼儿学习环境评量表为例，虽然该工具从不同维度对托幼机构班级质量进行了定义，但从儿童发展的角度来看，有很多重要的质量要素(如户外学习环境、情感支持和教学性互动)在此工具中没有受到足够的重视。在处理复杂性、价值观性、多样性、主观性、多视角及时空背景的问题时，应采取一种不同的、后现代的方式和立场来理解世界，对于学前教育质量的讨论亦是如此。

一、学前教育教学质量的领域划分

质量的界定具有复杂性，国际学界一般将学前教育质量分为两个领域：结构性质量和过程性质量。此外，教育质量除包括结构性质量和过程性质量外，还包括第三个领域——结果性质量。

(一) 结构性质量

结构性质量主要指托幼机构和班级两个层面的可调节的静态质量。托幼机构层面的结构性质量要素有空间设施、师幼比、财政投入与保教费、教师工资与福利、教师培训与进修、人事管理制度与财务制度、家园合作与社区合作制度、管理者领导力等。班级层面的要素包括班级人数，设施与材料，课程方案，教师的学历、资格证、工作经验、专业发展水平等等。托幼机构的结构性质量通常受到国家和地区的学前教育政策、管理制度 (如办园准入制度)、经济发展水平等因素的综合影响。一般而言，学前教育管理政策对师幼比、教师专业能力等结构性质量的调节，能够影响学前教育整体质量的提升。

(二) 过程性质量

过程性质量是指与儿童学习和生活经历直接相关的人际互动的质量 (动态质量)，包括师幼互动、同伴互动、课程 (如开展适宜性的教育活动)、家长参与等质量要素。过程性质量会直接影响儿童的健康、认知、语言、社会性等方面的发展。当前，国际学前教育质量研究中最常见的过程性质量评估量表是班级互动评估系统。其他常见的工具，如养育者互动量表等，也从不同的角度定义并评估了过程性质量。

(三) 结果性质量

任何学前教育的实施均以儿童发展目标为依据，提升学前教育质量的最终目标是促进儿童发展。儿童发展水平 (或称儿童发展结果) 是检验学前教育质量的重要指标，可被视为学前教育质量中除结构性质量和过程性质量外的第三个领域——结果性质量。当前，世界各国政府、专业组织或学者制定的学前教育质量标准均围绕着儿童早期发展目标，强调提升质量以促进儿童发展的观念，并持续开展大量的儿童发展测评研究，以此来检验学前教育的有效性、教育政策工具 (如质量监测系统) 的有效性。

然而，国际学术界并不建议将儿童发展水平的评估标准纳入学前教育质量标准，因为对儿童发展水平的评估耗时耗力、信度和效度都难以得到保证；对儿童发展水平的评估往往很难准确地反映某一托幼机构的质量，且将儿童发展水平作为托幼机构评价标准有可能导致教育的功利化。在我国学术界，不宜将幼儿发展结果作为质量评价指标，而应关注教育过程中幼儿园对儿童发展评估的重视程度，如考查幼儿园是否将儿童发展评价作为常规性工作。综合考虑这些背景因素，将儿童发展水平作为标尺来评价某一个托幼机构的质量可能会产生误导性结论。然而，值得注意的是，在选取不同类型的、数量较多的托幼机构作为研究样本时，儿童发展水平依然可以成为检验学前教育有效性和政策工具有效性的标尺。

总而言之，过程性质量与儿童发展有直接且稳定的关系。然而，结构性质量对过程性质量和儿童发展的影响均较弱或不稳定。事实上，过程性质量还可以细化为情感支持质量和教学支持质量。其中，情感支持与儿童的社会性情绪和行为控制有密切的关联，而教学支持与儿童的认知与学业发展有紧密的关联。过程性质量的逐步细分，让质量促进儿童各领域发展的逻辑更为清晰。

二、学前教育教学质量的视角分析

(一) 结构性质量视角

结构性质量是托幼机构中相对稳定的、可观测且可调节的静态质量，如教师学历、师幼比、班级规模等。政府部门往往基于结构性质量的调节（如明文规定、财政投入、专项等）来整体提升托幼机构质量。政府部门对结构性质量的调节一般参考国家制定的质量标准，或者依据权威专业机构推荐的质量标准。当前，国内外托幼机构大多存在师资匮乏的情况，因此，在班级师幼比的安排上往往遵循最低标准的原则。在绝大多数国家和地区，营利性托幼机构是学前教育市场的主体。大部分托幼机构都按照国家和地区规定的结构性质量的最低标准来执行，从而满足其最大程度盈利的需求。

政府部门通过调节结构性质量来提升过程性质量，从而实现儿童的全面发展。政府部门需要思考如何有效地通过质量监测系统来合理设置最低质量要求，如何有效地调配资源来帮助广大托幼机构达到最低标准。政府部门对教育资源的调配主要体现在：①给予规定期限内达标的幼儿园一定的资金奖励；②对监测不达标的幼儿园，可取缔其经营权；③通过专项资金直接改善幼儿园的结构性质量。政府部门调节幼儿园结构性质量的最终目的是促进其过程性质量的提升，进而促进儿童的发展。该调节往往需要基于科学的观察和实证研究的决策，其调节的有效性需要实证研究的检验。

(二) 师幼互动质量视角

在托幼机构中，几乎时时刻刻都发生师幼互动。教师与儿童在班级内的互动深刻地影响儿童各方面的发展，该影响会从学前阶段一直延续到小学阶段，甚至更为长远。师幼互动质量对儿童的认知、语言、社交性情绪能力及执行功能的发展有积极的预测作用。高质量的师幼互动有助于儿童认知与语言的发展，能够提高儿童的学业成绩。此外，高质量的师幼互动对处境不利儿童的帮助更大。换言之，师幼互动质量是学前教育质量的核心要素。

(三) 质量监测系统 (政策工具) 视角

质量监测系统 (政策工具) 的视角关注政府部门如何通过大规模的幼儿园质量测评 (政策工具)，有针对性地、整体性地提升本地区托幼机构的质量。在质量监测系统 (政策工具) 中，托幼机构能够通过持续的评估与督导以及政策与资金支持，系统地、动态地获得质量的提升。该质量监测系统 (政策工具) 的有效性、成熟性及托幼机构的参与度，均可被视为学前教育质量的重要组成部分。

这里以美国的质量评定与提升系统 (QRIS) 为例进行阐释。QRIS 是美国以州政府为主体实施的学前教育综合性项目。作为质量提升的政策性工具，其功能是对托幼机构质量进行监测与评级，通过一系列政策手段来改善机构质量，同时帮助家长更为理智地选择托幼机构。QRIS 有五项基本内容：①质量标准，指由各州制定的清晰的质量定义与评估方式，以及明确的质量标准与指标；②绩效责任测量，包括质量测量与问责制；③技术支持，包括托幼机构质量提升方案与教师专业支持等；④财政激励，包括教师奖学金、财政津贴、分层补贴等；⑤家长教育。

QRIS 使用一系列质量标准对托幼机构进行质量测量与评级，并向家长发布评级信息。托幼机构可获得，如教师培训、分级补贴与特殊儿童补贴、质量提升奖励的技术协助和财政激励等方面的收益，持续提升质量，从而使低质量的托幼机构逐渐减少或退出教育市场。此外，QRIS 的运作还可以确保学前教育政策和财政支出的合理性和有效性。通过持续地整体提升托幼机构的质量（尤其是低质量托幼机构的质量），并将财政补贴有针对性地发放给处境不利儿童，教育公平可以获得维护。QRIS 系统对政府和家长行为的引导能间接提升托幼机构的教育质量，从而对政府、托幼机构和家长发挥多重作用力，并最终促进儿童的认知、情绪与社会性发展。

当前，除 QRIS 外，很多国家均采用政策工具系统性地评估与提升学前教育质量，该机制可以被视为学前教育质量的重要部分。近年来，针对各国学前教育质量提升系统开展的学前教育质量追踪和干预研究均得出一个深刻的理论模型：政策性干预能调节结构性质量，结构性质量能支持师幼互动质量，师幼互动质量能直接影响儿童的发展。基于该模型，可以认为师幼互动质量是所有质量要素中的核心成分。

总而言之，对质量进行精确的定义和测评是提升质量的关键前提。师幼互动是学前教育质量中最关键的质量要素，准确地对师幼互动质量进行评估与调节，是提升学前教育质量的有效途径。

第二节　学生管理的工作实践

一、学生数学操作活动管理的工作实践方法

第一，明确操作法的意义，定位好学生与教师在操作活动中所担任的角色。数学操作活动是指学生通过自主操作学具材料，与材料产生的相互作用来探索数学知识的活动。操作数学材料的过程，是学生探索数学知识的过程，同时也是学生自主构建数学知识体系的过程。操作材料的主角应该是活动中的学生，教师在操作活动中充当的角色应当是观察者和引导者。

第二，提供适合、充足和多层次的操作活动材料。因为在儿童期，学生智力呈现快速增长的趋势，尤其是 0~5 岁，这是智力发展最为迅速的时期。学生的动作技能是从粗大动作技能发展到精细动作技能，所以操作材料应该

采用适合学生智力和动作发展水平的材料。操作材料一定要充足，做到每位学生人手一套，并且相同，要平等地分配材料。智力的发展具有稳定性的同时，也具有个体差异性。据此操作材料要尽可能地准备得多层次一些。小班的学生尽量采用一般、较简单的材料；中大班学生使用一般和高级材料；大班学生最好能在提供高级材料的同时，多多提供一般材料，高级材料会限制学生的创作能力，一般材料利于学生的创造性操作，还能够更好地发展学生的智力。

第三，让学生明确操作目标，有方向地操作。教师应该在组织操作活动前就要明确该活动的操作目标，并在说明操作材料的使用方法后和开始操作前就要说明活动的操作目标。另外，教师还要在活动中提醒不明确操作目标的学生，因为学生的注意力易分散，教师的提醒能够唤回学生对操作活动的兴趣和注意力。

第四，提供充足的时间给学生思考，提供足够的空间给学生进行操作，重视学生操作过程的讨论和评价。操作活动不能是一带而过的活动，是需要给予学生操作时间的活动。操作活动中需要学生思考操作问题，正是思考让学生获得了数学概念和锻炼了学生的思维能力。开展操作活动时，教师不仅要观察和指导学生的操作行为，还要关注学生的操作过程，并适时组织学生进行讨论和评价。教师引导学生讨论和评价操作过程，能够起到帮助学生总结和理顺之前的数学操作行为，有利于学生建立初步的数学逻辑思维和建立较有条理的数学知识，规范学生的操作行为等。

二、学生早操教学活动管理的工作实践方法

(一) 追求身体健康价值

身为一名合格的幼儿教师，先要树立先进的教学理念，先进的教学理念是指导教学行为的思想观念和精神追求。

第一，为了使早操能最大化起到锻炼身体的作用，幼儿教师在创编早操活动时，除了要有音乐、舞蹈方面的知识外，更应具备丰富的幼儿体育运动知识。为此，幼儿教师应大量阅读相关书籍，如人体运动的科学规律、幼儿体育、幼儿生理学、幼儿心理学、幼儿卫生学、幼儿基本体操等，力求让

自己的知识领域不断扩大，自我提高。

第二，幼儿园应加大招聘男教师的力度，缩小男女教师失衡的比例，使男女教师有机会一起编操、一起带操，避免幼儿早操偏向柔和而缺乏力度。

第三，幼儿园领导也要助编排教师一臂之力，邀请早操方面的专业人士到本园指导教师编排早操，并且组织成立一个早操活动编排小组，根据不同学生的特点对各班早操活动进行观摩指导，组织教师开展早操活动编排的交流会等。通过各种形式，避免幼儿教师编排出舞蹈化及成人化的幼儿早操，力求让教师在每次的早操编排中都进一步了解早操编排方面的知识并实现能力提升。

(二) 追求心理健康价值

第一，从生理学、卫生学的角度来看，早操能使幼儿在集体中从抑制状态转为兴奋状态，让幼儿为一天的学习和各种活动做好身体准备，同时也能振奋精神、调动情绪，使幼儿有朝气、愉快地生活。由此可见，幼儿早操能为幼儿带来积极的情绪，使之较快进入学习状态，提高活动的效率，有利于幼儿的智力操作。因此，幼儿教师要意识到早操活动的开展对幼儿情绪有积极影响，才能避免早操没有落实到位的现象。

第二，一套优秀的幼儿早操，必是适合幼儿，又是幼儿所喜爱的。这样一套优秀的早操活动能引起幼儿对早操活动的兴趣，能激发幼儿运动快乐的情绪，使幼儿的心理活动处于一种积极状态。在这种状态下，有助于幼儿形成活泼开朗、大方热情、朝气蓬勃的良好个性。另外，幼儿教师在早操活动中要发展和保护幼儿积极的情绪，只有具备这种意识，幼儿教师才能编排出受幼儿喜欢的早操活动。

(三) 追求社会适应价值

第一，在先进教育理念中发扬"合作的教育理念"，提倡学生与教师是平等、互助、共同成长的关系。在早操设计中，也存在师生之间或学生之间的相互配合，幼儿教师在口号应答或队形变化中，要让学生明白自己与团体的关系，让学生明白自己是团体中的成员，需要遵守一定的规则，不可随意而为，借此达到培养学生团体合作意识与规则意识、发展社会性的目的。

第二，在活动中，学生遇到困难时，例如，与其他学生产生摩擦、学习早操时跟不上、记不住早操动作，教师要借此机会培养学生独立解决问题的能力，而不应代其解决，使其过于依赖老师，从而丧失学习机会。只有培养学生的独立性，才能提高学生的生活自理能力，增强抗压能力，使其将来能较好地适应社会。

第三节　教学资源库建设的实践探索

一、学前教育教学资源库建设的意义

(一) 突破时空界限，实现区域均衡

近年来，我国学前教育事业飞速发展，但是，地区、城乡的发展尚不均衡。"随着教育技术不断发展，数字化教学资源库越来越受到教育部门尤其是学校的重视"[①]。学前教育教学资源库以数字、网络技术为纽带，突破时空界限，实现优质教育资源区域均衡。

(二) 共享优质资源，推进教育公平化

随着学前教育事业的蓬勃发展，优质师资和教育教学资源匮乏问题凸显。学前教育教学资源库的建立与完善，可以有效缓解优质教育教学资源不足的压力，提升优质教育教学资源的利用率，实现优质资源最大化共享，推动教育公平化。

(三) 搭建资源平台，促进师生共同成长

学前教育教学资源库是基于数字技术的教育教学资源库，服务学前教育教学，服务教师和学生，不仅是各种教育教学资源的汇集，而且必须与服务对象有直接的关系，可以设定专栏，加强教师之间、师生之间的学习以及

---

① 李宁，戎计双.教育技术环境下学前教育专业教学资源库建设探讨 [J].科技风，2020 (11)：92.

交流，相互促进，共同成长，可以为师生终身学习服务，不断提升学前教育教学质量。

二、学前教育教学资源库建设的原则

学前教育教学资源库是利用网络化、信息化资源优势建立的信息化教学服务系统，以课程教学为主，具有大容量、开放性、强交互性的特点中。学前教育教学资源库主要是服务学校、服务师生。基于信息化的学前教育教学资源库建设，应遵循的原则如下。

（一）合法合规性的原则

学前教育教学资源库建设要严格遵守国家有关教育法规，遵循学前教育教学原则，适应学前教育发展要求，培养学生的自主学习能力，以及可持续发展能力。

（二）系统与交互性原则

学前教育教学资源库建设要针对学前教育专业特点，考虑不同层面，如教师、学生、管理人员等的实际需求，整体规划学前教育教学资源库建设。鼓励学前教育专家、教师、学生、管理人员共同参与，实现"人人交互，人机交互"立体式交互模式。

（三）共享与开放性原则

学前教育教学资源库的建设以共享为目标导向，而这需要共享平台的支撑。创建共享平台，广纳优质学前教育教学资源，实现资源共享，打造数字式，开放性学习，实现一体化管理。学前教育教学资源库建设要与学前教育行业中，职业岗位对人才知识、能力和素质的要求相吻合，体现学习的自主性与开放性，同时为终身教育服务。

（四）实用与前瞻性原则

学前教育教学资源库建设是为学前教育教学服务的，要体现实用性，充分利用现有基础，梳理、优化已有教育教学成果并应用于专业教学资源库建设。资源库确保资源优质，且能共享，能不断完善与更新，可持续发展。学前教育教学资源建设在保证实用性的基础上，关注、跟踪学前教育研究前沿成果，考虑学前教育教学的实际情况和诉求，体现前瞻性。

三、学前教育教学资源库建设的建议

（一）准确定位，及时更新

学前教育教学资源库主要体现学前教育专业特点，精选教学资源，发挥数字媒体、网络技术的优势，为教师、学生以及其他相关的人员提供精准服务。在信息时代，资源海量化、多元化，建设学前教育教学资源库要契合时代变革，持续发力，要强化精品意识，对教学资源不仅要精挑细选，而且要强化时效意识，及时更新，共享优质教学资源。另外，学校应给予教师用户一定上传资料的权限，体现开放性与共享性。教师可以上传日常的教学资源、优质课件、教学典型案例、教师论坛成果、教学创新成果等资源。学生也可以上传专业学习感悟、课堂学习笔记等，形成互动，共同提高。

（二）清晰分类，安全便捷

细化学前教育教学资源库模块，科学分级，有序归类，以标准格式进行信息筛选、制作、收集、分类、编目，快捷展示，方便检索，共享资源，以满足不同的学习诉求以及资源使用诉求。稳定的系统性能可以满足高质量的检索需求，而确保信息安全才可以让用户安心使用，所以学前教育教学资源库建设时，先要保证信息安全和性能稳定，加强内外防御，设置权限，建立安全屏障，防病毒、防黑客，保障信息安全，强化身份识别、密码登录、扫码登录等，保障用户信息安全。总而言之，建设学前教育教学资源库要兼顾用户的便捷性需求，提升系统的兼容性，提高应用范围和用户体验感。

（三）联动多方，提高实效

建设学前教育教学资源库要注重实用性，确保资源内容的价值性、精准性、及时性、全面性并且服务教学，促进学前教育专业建设。多方联动，加强管护，实现管理专职化、模块专业化、栏目特色化、页面新颖化，提高

资源利用率, 内容动态更新, 兼具持久性, 使用户拥有更多的自主权, 以满足多元化的需求。另外, 在数字化背景下的学前教育, 需要不断进行变革, 打造精品, 走品牌化发展之路, 稳步有序推进学前教育教学资源库建设, 为学前教育精品工程建设提供资源支持。教师借助学前教育教学资源库, 可以了解国内外学前教育研究前沿的最新理念、优质成果, 共享教学资源等, 促进学前教育专业建设。学前教育教学资源库建设的目标明确、资源精选、系统稳定、多方支持, 可为用户提供优质服务, 满足用户多元化需求。

结束语

在深入探讨了学校教育评价与教学实践的相互关系、理论基础、实施策略以及挑战与应对之后，我们不禁对教育这一复杂而宏大的领域有了更加深刻的认识。教育作为塑造未来社会的重要基石，其质量直接关乎每一个个体的成长与发展，进而影响整个社会的进步与繁荣。学校教育评价与教学实践研究，正是为了不断提升教育质量，确保教育目标的达成，而进行的不断探索与实践。

回顾全书，笔者首先从理论层面剖析了学校教育评价的重要性及其与教学实践的内在联系。评价不仅是对学生学习成果的检验，更是对教师教学效果、课程设计乃至整个教育体系的反馈与调整机制。它如同一面镜子，让教育者能够清晰地看到自己的教学成效，从而有针对性地改进教学方法，优化教学内容。

随后，我们聚焦教学实践，探讨了如何在教学中融入评价理念，使之成为推动教学创新与质量提升的强大动力。无论是形成性评价还是总结性评价，都应成为教师教学设计的一部分，旨在促进学生的学习主动性，培养其批判性思维和解决问题的能力。同时，我们也强调了教师在评价过程中的角色转变，从传统的知识传授者转变为学生学习旅程的引导者和伙伴，共同探索知识的奥秘。

当然，面对快速变化的教育环境和社会需求，学校教育评价与教学实践研究也面临着诸多挑战。如何确保评价的公平性、有效性和可操作性，如何平衡传统与创新，如何在保证教育质量的同时兼顾效率，这些都是我们需要持续思考和解决的问题。但正是这些挑战，激发了教育者的创新精神，推动了教育实践的不断发展。

在此，笔者要感谢那些在教育一线默默耕耘的教师们，是他们用实际行动诠释了教育的真谛，也为笔者的研究提供了宝贵的实践案例和深刻反思。同时，也要向所有致力于教育评价与教学实践研究的学者和专家致以崇高的敬意，他们的智慧和努力，为我们指明了前行的方向。

展望未来，随着教育技术的不断进步和教育理念的持续更新，学校教育评价与教学实践研究将拥有更加广阔的发展空间。我们有理由相信，通过更加科学、全面、人性化的评价方式，结合不断创新的教学实践，能够培养出更多具有创新精神、社会责任感和全球视野的未来公民，共同迎接一个更加美好的明天。

总之，《学校教育评价与教学实践研究》不仅是对当前教育现状的一次深刻剖析，也是对未来教育发展的美好憧憬。让我们携手并进，在这条充满挑战与希望的道路上，不断探索、实践、反思，共同书写教育的新篇章。

参考文献

[1] 张议月，李传英，陈红英．扩优提质改革创新：落实《幼儿园保育教育质量评估指南》的"重庆实践"[J].今日教育（幼教金刊），2024(11)：4-7.

[2] 索长清．《幼儿园保育教育质量评估指南》的政策背景、多重功能与实践路径 [J].教育导刊，2024(11)：39-47.

[3] 方红，彭煜婷．我国学前教育质量评估政策演变机理诠解 [J].成都师范学院学报，2024，40(6)：64-72.

[4] 杨雪莲．浅谈"师幼互动"中的高质量"支持"——学习《幼儿园保育教育质量评估指南》之我见 [J].山西教育（幼教），2024（9）：29-31.

[5] 闵敏．基于《幼儿园保育教育质量评估指南》的幼儿园课程质量提升策略 [J].成才，2024(14)：64-65.

[6] 孙祎祎《幼儿园保育教育质量评估指南》落实策略探究 [J].新智慧，2024(19)：40-42.

[7] 张瑞娟．依照《幼儿园保育教育质量评估指南》开展户外健康主题游戏活动的策略 [J].新智慧，2024(17)：33-35.

[8] 王杨阳．由"外引"走向"内生"——《幼儿园保育教育质量评估指南》背景下自我评估管理模式的创新研究 [J].好家长，2024(20)：56-57.

[9] 李斌．"幼儿园保育教育质量评估指南"背景下磁力片游戏引发的思考 [J].中国质量，2024(6)：55-58.

[10] 杨静楠，顾兰萍．《幼儿园保育教育质量评估指南》引领下的园本教研转向与新生态 [J].教育界，2024(14)：17-19.

[11] 梁婧．《幼儿园保育教育质量评估指南》引领下的师幼互动指导策略 [J].教育界，2024(14)：125-127.

[12] 高淑蕾.幼儿园区域活动质量的个案研究[D].洛阳：洛阳师范学院，2024.

[13] 张冬青.《幼儿园保育教育质量评估指南》引领下的幼儿自主性发展研究[J].考试周刊，2024(16)：159-162.

[14] 杭顾蕊.《幼儿园保育教育质量评估指南》背景下幼儿自主游戏中低结构材料使用策略分析[J].好家长，2024(10)：15-17.

[15] 蒙小霞.《幼儿园保育教育质量评估指南》指引下保育师工作评估路径研究——以广西民族大学幼儿园为例[J].教育观察，2024，13(6)：1-4，19.

[16] 顾明凤.落实《幼儿园保育教育质量评估指南》的区域实践[J].幼儿100(教师版)，2024(Z1)：34-38.

[17] 杨定平，戴小鹰.《幼儿园保育教育质量评估指南》引领下的幼儿园课程领导力——以园本资源课程建设为例[J].淮阴师范学院学报(自然科学版)，2023，22(4)：374-376.

[18] 陆畅.幼儿园教育"小学化"的表现、成因及对策[J].开封文化艺术职业学院学报，2023，43(5)：100-104.

[19] 闫润，夏华，叶运莉.幼儿性教育课程对大班幼儿知信行的干预效果评价[J].中国学校卫生，2023(10)：1-4.

[20] 吴舒曼，李深键，费广洪.中芬幼儿园保育教育质量评估指南的比较与启示[J].上海教育评估研究，2023，12(4)：68-73.

[21] 李洁.提升幼儿园教师观察与反思能力——基于《幼儿园保育教育质量评估指南》[J].华夏教师，2023(11)：25-27.

[22] 余启泉.幼儿教育"小学化"现象探析[J].鄂州大学学报，2022，29(6)：72-74.

[23] 贾莎莎.教育现象学视域下幼儿园课程评价体系的重构[J].连云港师范高等专科学校学报，2021，38(3)：103-108.

[24] 刘秀丽，刘航，朱宇宁.师幼互动质量评价工具的述评及其对幼儿教育的启示[J].东北师大学报(哲学社会科学版)，2021(3)：156-164.

[25] 李宝玲.构建科学的学前教育评价指标体系——以CIPP评价理论

为视角 [J]. 濮阳职业技术学院学报，2021，34(1)：29-32，36.

[26] 李菲菲 . 体育幼儿园教育质量评价研究 [J]. 教育教学论坛，2020
(19)：372-374.

[27] 黄安 . 试论幼儿发展评价工作中存在的问题及对策 [J]. 戏剧之家，
2020(8)：141+143.

[28] 郝爽，但菲 . 幼儿发展评价存在的现实问题及优化策略 [J]. 辽宁教
育行政学院学报，2020，37(1)：28-32.

[29] 陈娇 . 创造性评价体系在幼儿教育中的有效探究 [J]. 科教导刊（上
旬刊），2015(7)：59-60.

[30] 吴洁，姚沈琴 . 双线三议：优化幼儿园课程审议之研究——以《幼
儿园完整儿童活动课程》园本化实施为例 [J]. 早期教育（教育教学），
2020(1)：25-27.

[31] 楼仲青 .《幼儿园完整儿童活动课程》的优势 [J]. 幼儿教育，2019
(34)：50-51.

[32] 连萍丽 . 幼儿教育中 STEM 教育的本土化：危机与进路 [J]. 传播与
版权，2019(5)：173-175.

[33] 徐娟，滕薇，严冰 . 区域学前教育质量评价体系构建的可行性路径
[J]. 教育教学论坛，2018(45)：241-243.

[34] 宋家林 . 幼儿评价的价值和有效性探析 [J]. 教育观察，2018，7(4)：
137-139.

[35] 王帆，郁东利，张晓光 . 幼儿教育小学化问题的特征、原因及解决
路径 [J]. 张家口职业技术学院学报，2017，30(2)：42-44.

[36] 任晨晨，闫世笙 . 幼儿教育过程中小学化倾向问题研究 [J]. 榆林学
院学报，2017，27(3)：48-50.

[37] 周洁 . 幼儿教育评价的现状与发展趋势 [J]. 科技创新导报，2016，
13(24)：170-171.

[38] 苏颖 . 浅论幼儿教育中认知发展评价的意义 [J]. 赤子（上中旬），
2015(20)：208.

[39] 毛亚敏 . 当下学前幼儿教育的现状与方法思考 [J]. 西部素质教育，
2015，1(5)：115.

[40] 秦旭芳，陈铮 . 幼儿园教育评价实践探析 [J]. 沈阳师范大学学报（社会科学版），2015，39（2）：135-138.

[41] 余小波，陈怡然，沈晓岚，等 . 新时代教育评价改革研究 [M]. 北京：中国社会科学出版社，2024.

[42] 刘邦奇，聂小林 . 智能技术赋能教育评价 [M]. 北京：人民教育出版社，2022.

[43] 于文安 . 新时代教育评价基础研究 [M]. 厦门：厦门大学出版社，2022.

[44] 巫世晶，曾峥 . 新时代教育评价理论与实践研究 [M]. 武汉：武汉大学出版社，2023.